Desarrollo y reutilización de componentes *software* y multimedia mediante lenguajes de guion

José Raúl Aranda Córdoba

ic editorial

Desarrollo y reutilización de componentes *software* y multimedia mediante lenguajes de guion
© José Raúl Aranda Córdoba

1ª Edición

© IC Editorial, 2024

Editado por: IC Editorial
c/ Cueva de Viera, 2, Local 3
Centro Negocios CADI
29200 Antequera (Málaga)
Teléfono: 952 70 60 04
Fax: 952 84 55 03
Correo electrónico: iceditorial@iceditorial.com
Internet: www.iceditorial.com

ISBN: 978-84-1184-320-1
Depósito Legal: MA 1904-2024

Impresión: PODiPrint
Impreso en Andalucía – España

Nota de la editorial: IC Editorial pertenece a Innovación y Cualificación S. L.

Presentación del manual

El **Certificado de Profesionalidad** es el instrumento de acreditación, en el ámbito de la Administración laboral, de las cualificaciones profesionales del Catálogo Nacional de Cualificaciones Profesionales adquiridas a través de procesos formativos o del proceso de reconocimiento de la experiencia laboral y de vías no formales de formación.

El elemento mínimo acreditable es la **Unidad de Competencia.** La suma de las acreditaciones de las unidades de competencia conforma la acreditación de la competencia general.

Una **Unidad de Competencia** se define como una agrupación de tareas productivas específica que realiza el profesional. Las diferentes unidades de competencia de un certificado de profesionalidad conforman la **Competencia General,** definiendo el conjunto de conocimientos y capacidades que permiten el ejercicio de una actividad profesional determinada.

Cada **Unidad de Competencia** lleva asociado un **Módulo Formativo,** donde se describe la formación necesaria para adquirir esa **Unidad de Competencia,** pudiendo dividirse en **Unidades Formativas.**

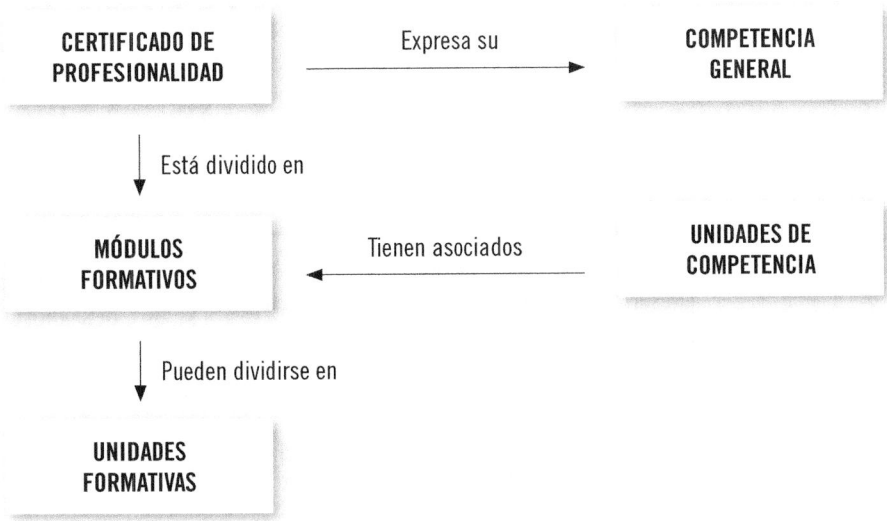

Capítulo 5
Contenidos multimedia

Capítulo 1

Arquitecturas de aplicaciones web

Contenido

1. Introducción

Las aplicaciones web ofrecen servicios a los usuarios que acceden utilizando navegadores (conocidos como clientes livianos), los cuales no ejecutan demasiadas labores de procesamiento, dirigiéndose a una dirección de internet donde obtendrán los servicios que se necesitan.

Se pueden distinguir dos lados dentro de la arquitectura: por un lado, está el cliente, que es donde se encuentra el usuario interactuando con la aplicación a través de un navegador (*Mozilla Firefox, Internet Explorer, Opera, Chrome, Safari*, etc.); y por otro lado, está el servidor, en el que se encuentran los datos y la propia aplicación.

Las aplicaciones web pueden ser de acceso público, como portales de internet, tiendas virtuales, etc., o de acceso restringido, como son las *intranets* o las *extranets*.

2. Esquema general

Antes de comenzar a desarrollar un sitio web es muy recomendable elaborar la estructura de las secciones que contendrá el mismo. Una buena estructura permitirá al usuario visualizar todos los contenidos de una manera fácil y clara, mientras que una web mal estructurada producirá al visitante una sensación de estar perdido, no encontrará rápidamente aquello que busca y, al final, terminará por dejar el sitio.

Para la elaboración de dicha estructura se puede utilizar algún tipo de *software* específico o, si la web es pequeña, se puede realizar un esquema sencillo en una hoja de papel.

Un sitio web está formado por un conjunto de páginas interrelacionadas entre sí. Cada página puede contener subelementos, contenidos multimedia y herramientas interactivas.

2.1. La estructura depende del contenido

Los contenidos pueden ser texto, imágenes, sonidos, vídeos, etc. En general, toda aquella información que va a albergar nuestro sitio web.

Dependiendo de qué contenido tenga el sitio web, se estudiará qué tipo de estructura utilizar:

Estructura lineal: esta estructura es la más simple de todas. Consiste en que todas las páginas están dispuestas de forma consecutiva, como si se estuviese leyendo un libro, de tal manera que, estando en una página, se puede navegar a la página anterior o a la página siguiente.

Estructura lineal

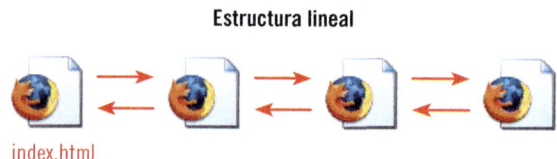

index.html

- **Estructura jerárquica:** es la típica estructura de árbol, donde el nodo principal o elemento raíz es la página principal o página de bienvenida; pudiéndose sustituir por la página de contenido. Al acceder a una sección, conducirá a una lista de subtemas, pudiendo estos dividirse o no.

Estructura jerárquica

index.html — Nivel 0

Nivel 1

Nivel 2

Este tipo de organización permite al usuario saber en qué lugar de la estructura se encuentra.

- **Estructura en red:** en la estructura en red aparentemente no existe ningún orden establecido. Las distintas páginas pueden enlazarse unas con otras sin orden aparente.

Estructura en red

- **Estructura mixta:** este tipo de estructuras es una mezcla de las anteriores (jerárquica con enlaces cruzados del tipo de estructura de red).

Estructura mixta

Nota

Las estructuras mixtas son las que normalmente se suelen utilizar para la mayoría de proyectos web con cierta envergadura.

Una vez se haya valorado qué tipo de estructura se adapta a unas necesidades concretas, se debe responder a preguntas tales como: ¿tendrá buscador?, ¿cómo se navegará por el sitio web?, ¿qué categorías tendrá? y, en definitiva, ¿cómo hacer que el usuario navegue y encuentre aquello que busca en el sitio web fácilmente?

La mayoría de preguntas tienen que ver con cómo interactuará el usuario con el sitio web. Para ello, existen principalmente dos formas: a través de menús y de enlaces. Un sitio web es una colección de páginas interrelacionadas entre sí. Cada página puede contener otros elementos, contenidos multimedia y herramientas interactivas.

El usar un sistema de búsquedas en el sitio no tiene por qué ser imprescindible, pero en caso de tenerlo, hay que tener en cuenta la forma en que el usuario interactúa con este.

 Actividades

1. Realice una estructura jerárquica de una web con tres niveles de profundidad.

2.2. Etapas para desarrollar el diseño conceptual

Teniendo en cuenta todo lo anterior, se van a ver las etapas que suponen llevar a cabo el diseño conceptual de nuestro sitio web.

Delimitación del tema

En esta etapa se definen los objetivos que se pretenden alcanzar con el desarrollo de la plataforma y a quién irá dirigida (qué usuarios se quieren atraer al sitio web). Se define qué contenido llevará y cuál no.

Recolección de la información

En esta etapa se recolecta aquella información o contenido que va a tener la web en consonancia con las especificaciones efectuadas en la etapa anterior, pudiendo esta información ser vídeos, imágenes, texto, etc.

Agregación y descripción

Una vez que se tiene la información que irá en el sitio, se comienza una clasificación apropiada. Aquí hay que encontrar un adecuado balance entre la linealidad y la jerarquización. También es importante proveer de índices cada descriptor que haya sido diseñado.

Diseño y estilo gráfico

Un problema habitual del diseñador web es el de alcanzar la mayor audiencia posible sin sacrificar los aspectos gráficos y funcionales que pueden desearse o requerirse en un sitio.

Aunque se desee beneficiarse de la tecnología más reciente, también existe la preocupación de que la audiencia crea que las implicaciones no se tienen en cuenta si la nueva tecnología no es totalmente compatible con el *hardware/software* que se emplea.

Cuando se crean sitios para la mayor audiencia posible, se llega a la conclusión de que no siempre es posible utilizar la tecnología más reciente. De ser así, hay que centrarse en hacer el mejor uso posible de los aspectos tecnológicos más prácticos.

Después de recolectar todos los requisitos e información para construir estructuralmente el sitio, se debe tener cuidado para asegurar que la imagen de marca del sitio se establezca y se mantenga.

 Nota

La imagen de marca no es simplemente un logotipo. Es el mensaje global del sitio web. La imagen de marca es la personalidad en línea de la organización.

Ensamble final

Cuando ya se tienen recolectados todos los requerimientos y construido el boceto, se pasa a ensamblar las distintas páginas. Para ello, se incorporará el estilo gráfico especificado, así como la totalidad del contenido de las distintas páginas que tendrá el sitio web.

Testeo

La comprobación de una página debe hacerse mientras se está en la fase de desarrollo, en lugar de esperar a que esté totalmente finalizada. En caso contrario, se puede asumir que la página se visualiza perfectamente en un navegador en concreto, pudiendo no funcionar de forma correcta en otro. Para ello, es importante comprobar el buen funcionamiento del sitio web en varios navegadores.

 Importante

Es necesario comprobar bien el funcionamiento de nuestra web en el mayor número de navegadores y plataformas, ya que en muchas ocasiones el código que se muestra bien en un navegador es incompatible en otro.

3. Arquitectura en capas

La arquitectura cliente/servidor genérica tiene dos tipos de nodos en la red: por un lado, los clientes; y por otros, los servidores.

A este tipo de arquitecturas genéricas se hará referencia a veces como arquitecturas de dos niveles o dos capas.

Es posible encontrarse con redes que disponen de tres tipos de nodos:

- Clientes (normalmente navegadores web), que se encargan de las peticiones realizadas por el usuario y de devolver el resultado de estas peticiones.

- Servidores, que procesan los datos (son los encargados de devolver la consecución de las peticiones realizadas por el usuario).
- Servidores de base de datos, en este caso son los encargados de almacenar la información.

Esta configuración se llama **arquitectura de tres capas.** El procedimiento es el siguiente:

- El usuario interactúa con el cliente.
- Dicho cliente hace una solicitud al servidor de aplicaciones.
- Este servidor requiere información de la base de datos de otro servidor.
- Este, a su vez, le devuelve la petición con el resultado al servidor de aplicaciones y, finalmente, se visualiza en el cliente.

Sabía que...

El sistema de arquitectura en tres capas es conocido en el mundo del desarrollo de software como modelo MVC (Modelo Vista Controlador). Por un lado, está la capa cliente (Vista), el servidor de aplicaciones (Controlador) y el servidor de base de datos (Modelo).

3.1. Sistema de dos capas

Las **ventajas** del sistema de dos capas son las siguientes:

- El desarrollo de aplicaciones es mucho más rápido.
- El cliente se conecta al servidor cuando necesita realizar algún tipo de petición de información. Una vez recibida esta, la conexión se cierra y deja la red libre para que este u otro usuario pueda realizar otra conexión. De esta manera, se reduce de una forma muy importante el tráfico de red.
- Gran parte del proceso se ejecuta en el navegador (ordenador del cliente). Así se consigue mejorar el balance de carga en los diversos servidores.

Las **desventajas** del sistema de dos capas son las siguientes:

- En los sistemas de dos capas, al encontrarse la mayoría de la aplicación en el cliente, a la hora de realizar cambios hay que volver a enviar la nueva versión a todos los clientes que la utilicen.
- Continuamente van apareciendo nuevas versiones, tanto del entorno cliente como de base de datos. El depender de una determinada herramienta puede comprometer las futuras ampliaciones y desarrollos.

3.2. Arquitectura de tres capas

Ante los problemas que derivaban del uso de la arquitectura de dos capas, se añadió un nuevo nivel, una capa intermedia en el proceso. Cada proceso se ejecuta por separado en plataformas distintas.

Niveles de la arquitectura de tres capas

Las diferentes capas suelen ser:

- Capa 1: cliente de aplicación. Navegador web.
- Capa 2: servidor de aplicaciones: Apache, servidor *Tomcat* con *Servlet,* etc.
- Capa 3: servidor de datos. Base de datos, servidor SMTP, etc.

 Nota

El principal servidor de aplicaciones usado hoy en día es el servidor Apache.

Las **ventajas** de la arquitectura de tres capas son las siguientes:

- Las llamadas realizadas al servidor por parte de la estación de trabajo del cliente son más flexibles, ya que solamente se necesita enviar la petición del cliente a la capa intermedia.
- Con esta arquitectura es posible modificar los parámetros, tanto del servidor de aplicación como del servidor de base de datos, sin que por ello haya que realizar cambios en la capa cliente.
- El código del cliente se mantiene separado de las demás capas. De esta forma, es más fácil realizar el mantenimiento.

Las **desventajas** de la arquitectura tres capas y basadas en web son las siguientes:

- Pueden incrementar el tráfico de la red y requieren más balance de carga.
- Los navegadores web no son todos iguales.
- El desarrollar aplicaciones para este tipo de arquitecturas es más difícil, ya que hay que ir probando entre los distintos dispositivos.

Sabía que...

Se puede usar un *software* específico llamado virtualizador y de esta forma tener en la misma máquina física funcionando diversos sistemas operativos distintos, incluyendo software de servidor.

Actividades

2. Enumere las características principales de la arquitectura de tres niveles.

4. Interacción entre las capas cliente y servidor

En la arquitectura cliente-servidor, el remitente de una solicitud es conocido como cliente. Este es quien inicia las solicitudes o peticiones a otro programa, encontrándose este en el servidor, que es el que le da la respuesta; esperando y recibiendo respuestas del mismo.

Normalmente, el cliente interactúa directamente con los usuarios finales mediante una interfaz gráfica de usuario.

Tanto el cliente como el servidor pueden tener una separación de tipo lógica, que puede estar formada por varios servidores de tipo específicos, como pueden ser los servidores de archivo, los servidores web, los servidores de correo, etc.

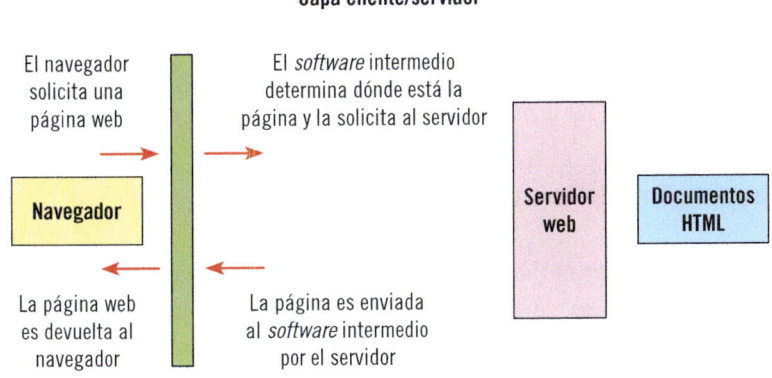

Capa cliente/servidor

 Nota

Hay que tener en cuenta que dentro de un mismo servidor físico pueden encontrarse varios servidores funcionando. Esto sería un *software* para el servidor de correo, otro *software* que funcione como base de datos, etc.

Al receptor de la solicitud enviada por el cliente se le conoce como **servidor.** Sus características son:

- Al iniciarse, espera a que le lleguen las solicitudes de los clientes. Desempeña entonces un papel pasivo en la comunicación (dispositivo esclavo).
- Tras la recepción de una solicitud, la procesa y luego envía la respuesta al cliente.
- Por lo general, acepta multitud de solicitudes de conexión desde un número elevado de clientes (en algunos casos, existe un límite de peticiones).
- No es frecuente que interactúe directamente con los usuarios finales.

 Actividades

3. Explique cómo interaccionan las capas cliente/servidor.

5. Arquitectura de la capa cliente

En este apartado se hace referencia a programas que requieren específicamente una conexión a otro programa, al que se denomina servidor y que normalmente se encuentra en otra máquina, ya sea para obtener datos externos (páginas web, etc.) o bases de datos, interactuar con otros usuarios a través de un gestor central (ejemplo, los protocolos *Emule* y *Torrent* o *iRC)*, o compartir información con otros usuarios (servidores de archivos).

Cliente/servidor

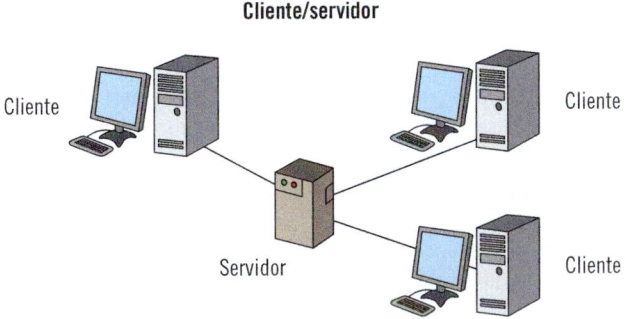

Probablemente, el cliente más utilizado sea el navegador web. Mediante este se pueden utilizar los servicios que ofrecen los distintos servidores sin que para ello se tenga que instalar ningún *software* específico.

 Aplicación práctica

Supongamos que un cliente nos ha encargado la elaboración de una aplicación web. En este caso nos ha encargado realizar una *landing page* (página de aterrizaje) donde los usuarios accederán y dejarán sus datos para poder ser contactados con posterioridad. Dispondrá de un menú con cuatro secciones (inicio, contacta, enlace hacia la web y enlace a redes sociales). El cliente nos pasa una fotografía y un texto con un título.

Debe realizar: esquema de la web, qué tipo de estructura a utilizar, qué se hace en cuanto al diseño y estilo gráfico y qué tipo de pruebas.

SOLUCIÓN

Lo primero que hay que hacer es el esbozo de un esquema general. Partiendo del menú que va a tener la web, se sabe que va a tener dos páginas (inicio y contacta) y va a tener dos enlaces externos (hacia web y redes sociales). Al ser poco contenido, se optaría por una estructura lineal.

Se definirá de qué va a tratar la web. Como es una *landing page,* se sabe que va a tener poco contenido. En cuanto a la recolección de información, se tiene la fotografía aportada por el cliente y el texto con su título, también habrá que tener en cuenta los campos que va a llevar el formulario.

<< Viene de página anterior

En el diseño y estilo gráfico se pueden realizar varios bocetos y mostrárselos al cliente con el fin de que dé su visto bueno antes de proceder a maquetar la web. Para ello, se tendrá en cuenta su página y utilizando una combinación de los colores de esta, se conseguirá que el visitante de la landing page identifique rápidamente de qué web se trata.

Una vez se concrete el diseño, se realizará el ensamble final y se realiza el testeo para comprobar que todo funciona bien.

Se utilizará un sistema de dos capas, ya que su desarrollo es mucho más rápido y no se va a necesitar procesar ninguna base de datos.

Actividades

4. Enumere las ventajas de las aplicaciones web frente a las aplicaciones de escritorio.

---

6. Resumen

Las aplicaciones web ofrecen servicios a los usuarios que acceden utilizando un navegador. A la hora de desarrollar una web hay que tener en cuenta la estructura de su contenido: la estructura **lineal** es aquella en la que todas las páginas están dispuestas de forma consecutiva; la estructura **jerárquica** es la típica estructura en árbol; en la estructura **en red**, todas las páginas pueden enlazarse unas con otras; mientras que la estructura **mixta** es una mezcla de la estructura jerárquica con enlaces cruzados del tipo estructura en red.

Para desarrollar el diseño conceptual, se debe llevar a cabo una serie de etapas, delimitando el tema del que constará la web, recolectando la información que contendrá, clasificando dicha información y diseñándola de acuerdo a un estilo, para posteriormente proceder al ensamblaje y testeo.

El modelo cliente-servidor tiene dos tipos de nodos en la red: los clientes y servidores. Estas arquitecturas genéricas son conocidas como arquitecturas en dos niveles o dos capas.

La arquitectura de tres capas dota a la arquitectura de dos capas de una capa intermedia donde cada proceso se ejecuta por separado en plataformas distintas.

El cliente es una aplicación informática o un ordenador que consume un servicio remoto en otro ordenador, conocido como servidor, normalmente a través de una red de telecomunicaciones.

Ejercicios de repaso y autoevaluación

1. **De las siguientes frases, indique cuál es la verdadera y cuál es la falsa.**

   a. Las páginas de un sitio web están interrelacionadas entre sí.

      ☐ Verdadero
      ☐ Falso

   b. Las páginas no contienen subelementos en ningún caso.

      ☐ Verdadero
      ☐ Falso

   c. El contenido de una página web es solamente texto.

      ☐ Verdadero
      ☐ Falso

2. **Complete las siguientes oraciones.**

   La estructura _____ es la estructura más simple de todas, consiste en que todas las páginas están dispuestas de forma _____. Es como si se estuviese leyendo un libro, de tal forma que, estando en una página, se puede _____ tanto a la página _____ como a la página _____.

3. **Ordene los pasos para elaborar un esquema general.**

   ___ Agregación y descripción.
   ___ La estructura depende del contenido.
   ___ Ensamble final.
   ___ Delimitación del tema.
   ___ Testeo.
   ___ Diseño y estilo gráfico.
   ___ Recolección de información.

4. **De las siguientes oraciones, señale cuál es la verdadera y cuál es la falsa.**

   a. La comprobación de una página debe hacerse mientras se está en la fase de desarrollo, en lugar de esperar a que esté totalmente finalizada.

      ☐ Verdadero
      ☐ Falso

   b. Se ensamblan las distintas páginas antes de tener recolectada toda la información.

      ☐ Verdadero
      ☐ Falso

   c. Cuando se dispone de la información que va a llevar el sitio, hay que clasificarla.

      ☐ Verdadero
      ☐ Falso

5. **¿Qué dos tipos de nodos se pueden encontrar en la arquitectura cliente/servidor?**

   _____

   _____

6. **Relacione los siguientes elementos.**

   a. Cliente de la aplicación.
   b. Servidor de aplicaciones.
   c. Servidor de base de datos.

   __ Capa 3
   __ Capa 1
   __ Capa 2

7. **Indique las desventajas de la arquitectura de tres capas basadas en web.**

_____
_____
_____
_____
_____

8. **¿A qué se hace referencia con la capa cliente?**

_____
_____
_____
_____

9. **Complete las siguientes oraciones referentes al sistema de dos capas.**

      a. El desarrollo de aplicaciones es mucho más _____.

      b. El cliente se conecta al _____ cuando necesita realizar algún tipo de petición de _____.

      c. Gran parte del proceso se ejecuta en el _____.

10. **¿Cómo interactúa el usuario con nuestro sitio web?**

      a. Mediante menús.

      b. Mediante enlaces.

      c. Ambas opciones son correctas.

11. Relacione los siguientes elementos.

    a. Estructura mixta.
    b. Estructura jerárquica.
    c. Estructura lineal.
    d. Estructura en red.

    __ Aparentemente no tiene orden establecido, las páginas pueden enlazarse unas con otras.
    __ Es la estructura más simple de todas.
    __ Es una mezcla de jerárquica con enlaces cruzados del tipo estructura red.
    __ Es la típica estructura de árbol, donde el nodo principal es el elemento raíz.

12. Cite todos los clientes web que conozca.

_____

_____

13. Ante un desarrollo de una aplicación compleja, ¿qué arquitectura es más fácil de actualizar su contenido? Razone su respuesta.

_____

_____

14. Desarrolle el procedimiento de la arquitectura de tres capas.

_____

_____

_____

_____

_____

_____

_____

15. **De las siguientes oraciones, señale cuál es la verdadera y cuál es la falsa.**

    a. Para elaborar un esquema general de un sitio web se puede utilizar un *software* específico.

        ☐ Verdadero
        ☐ Falso

    b. Tanto las imágenes como los vídeos y sonidos no tienen cabida en ninguna página de nuestra web.

        ☐ Verdadero
        ☐ Falso

    c. Usar un sistema de búsquedas en nuestro sitio no tiene por qué ser indispensable.

        ☐ Verdadero
        ☐ Falso

Capítulo 2
Navegadores web

Contenido

1. Introducción

Hoy en día las webs son el servicio más utilizado de internet. Generalmente están escritas en código HTML y, para que el usuario que visita estas páginas pueda visualizarlas correctamente, necesitan un *software* que traduzca este código y lo transforme en texto e imágenes. Este *software* es lo que se conoce como **navegador web.**

Un navegador web es una aplicación que interpreta los distintos archivos que componen una web de forma que esta pueda ser leída.

Prácticamente existen navegadores web para todas las plataformas, incluso se puede encontrar el mismo navegador funcionando en distintos sistemas operativos.

2. Arquitectura de un navegador

A continuación, se detallan las diferentes estructuras que componen un navegador web.

2.1. Interfaz de usuario

La interfaz de usuario es el medio a través del cual un usuario va a interactuar con el navegador.

Lo normal a la hora de desarrollar páginas web es que se tengan distintos navegadores instalados en el equipo, ya que es necesario probar la web en cada uno de ellos, debido a que cada uno interpreta el código de diferente manera, pudiendo mostrar de forma correcta una web en un determinado navegador, y no funcionando bien en otro. Como no se sabe qué navegador utilizará el usuario, deben hacerse distintas pruebas para que la web funcione de forma adecuada en la mayoría de navegadores.

Si se tiene *Windows* instalado en el ordenador, será *Internet Explorer* el navegador configurado por defecto. Si se trata de un equipo con *OS X,* el navegador por defecto será *Safari*, mientras que en los sistemas basados en *Linux* el navegador por defecto será *Firefox* (aunque esto depende de la distribución de *Linux*).

Nota

El navegador *Microsoft Edge,* sobre todo en versiones más antiguas, puede no mostrar los elementos de la página de la forma esperada.

Existen numerosos navegadores: unos basados en interfaz de usuario y otros basados en texto. En este capítulo se habla de los más usados en la actualidad, basados en la interfaz de usuario.

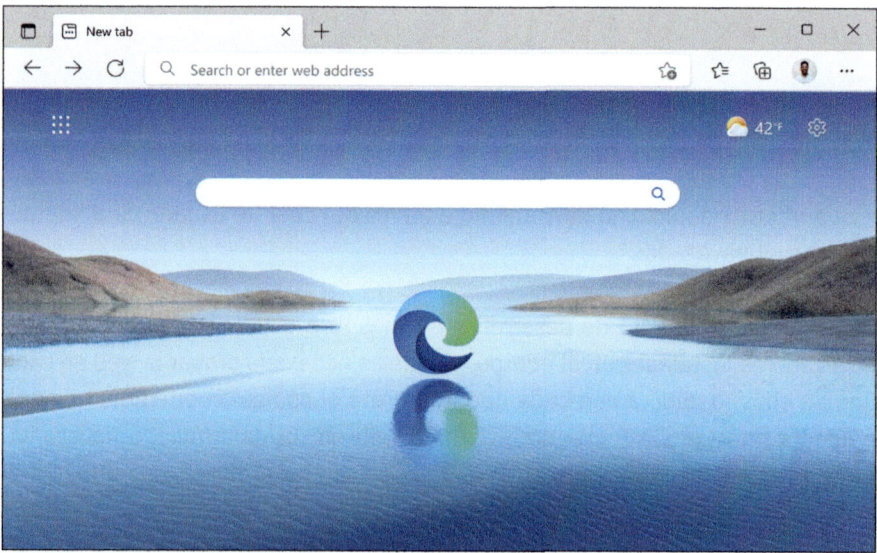

Navegador Internet Explorer

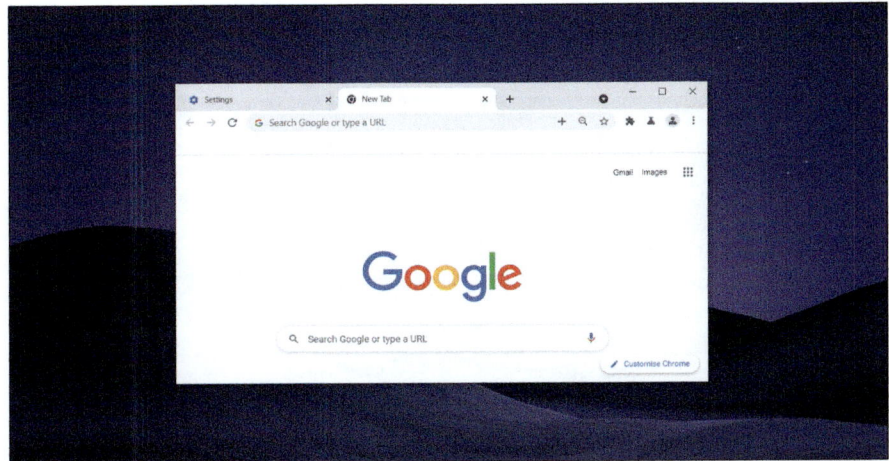

Navegador Google Chrome

Navegador Mozilla Firefox

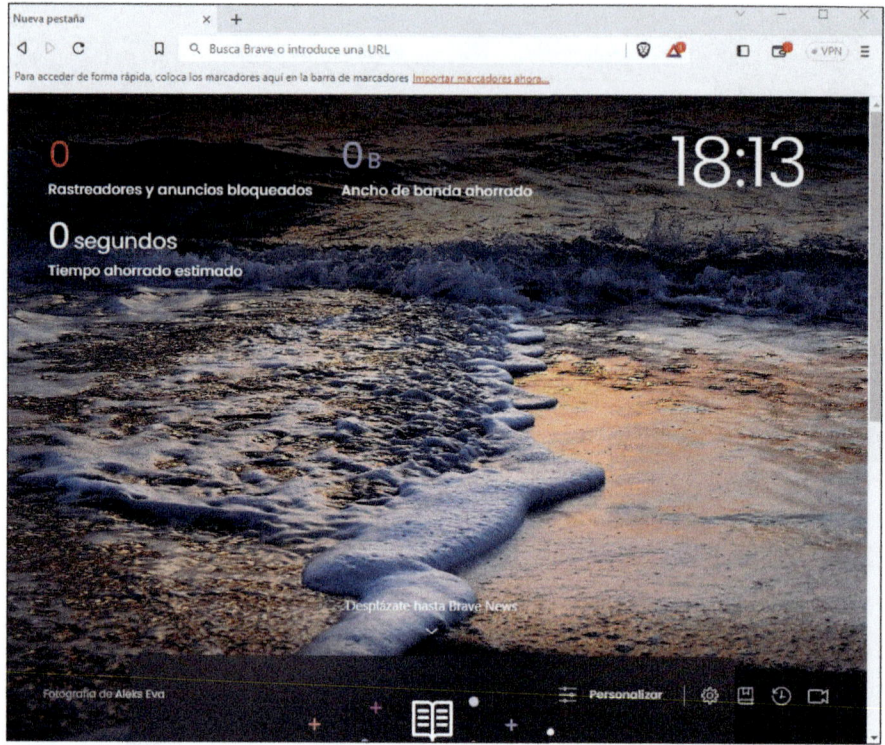

Navegador Safari

2.2. Motor de exploración

Internet está formado por miles de millones de páginas web, de forma que, para encontrar la información que se busca, sería imposible ir a cada una de ellas. Es aquí donde entra en juego el motor de exploración, que ayuda a encontrar las páginas que sean lo más relevantes posibles a las frases o palabras especificadas.

Los motores de exploración son también conocidos como **motores de búsqueda.** Entre los más importantes se incluyen *Google, Yahoo! Search, MSN,* y *Bing.*

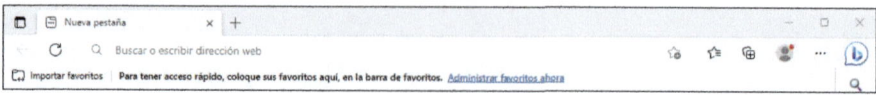

Navegador URL y motor de exploración

Nota

En las últimas versiones de los navegadores web, el motor de exploración funciona conjuntamente con el cuadro de dirección de las URL.

2.3. Motor de presentación

La función básica de los navegadores web es la de ejecutar documentos HTML y mostrarlos por pantalla. Muy posiblemente, en estos documentos se encuentren incrustados recursos multimedia, tales como imágenes o texto, todo ello en diferentes formatos y protocolos.

También permiten guardar información en disco o crear marcadores (*bookmarks*).

 Sabía que...

Cuando se accede a una página web, parte del contenido de esta es almacenado de forma temporal en el ordenador que se está utilizando, sobre todo el contenido multimedia e imágenes. Así, la próxima vez que se accede a esa misma página, en lugar de descargar nuevamente todas las imágenes y el contenido multimedia, este se recupera de forma local, haciendo así que la web cargue de forma mucho más rápida.

2.4. Módulos auxiliares: persistencia, interfaz de red, interprete de scripts, infraestructura de presentación

Algunas páginas web almacenan información en los ordenadores para un uso posterior. Esto se permite gracias a un mecanismo de persistencia basado en *scripts* y que la mayoría de los navegadores web soportan.

Esta información puede encontrarse en el historial del navegador, en las *cookies*, en los favoritos o directamente en una página web guardada en disco.

Todos los navegadores modernos utilizan un motor de JavaScript (intérprete JavaScript). Este motor es un intérprete informático que se encarga de interpretar el código fuente JavaScript y, según las instrucciones proporcionadas en dicho código, ejecutar el *script* correspondiente.

Las interfaces de red permiten que cualquier servidor que ejecute un servicio de acceso remoto se pueda comunicar con otros equipos, ya sea a través de redes privadas o públicas.

 Definición

JavaScript
JavaScript es un lenguaje de programación interpretado. Se utiliza principalmente en el lado del cliente (navegador web) permitiendo páginas dinámicas y mejoras en la interfaz de usuario.

3. Navegadores de uso común. Comparativa

A continuación, se exponen los navegadores web más utilizados.

3.1. Microsoft Edge

Microsoft Edge, fue desarrollado por Microsoft y lanzado en el año 2015, en sustitución de su antiguo navegador *Internet Explorer. Edge* está basado en *Chromium* lo que permite que sea compatible con las extensiones desarrolladas para la *Chrome Web Store* así como para la *Microsoft Store.* Además *Edge* tiene una serie de características integradas mejorando su experiencia de navegación aportando un rendimiento y velocidad optimizados para funcionar mejor con *Windows*.

En las últimas versiones de *Microsoft Edge* se ha dotado con tecnología de IA incluyendo una barra con Bing Chat, donde se pueden hacer preguntas, resumir contenido, refinar la búsqueda, leer en voz alta y todo ello sin salir del navegador o cambiar de pestaña.

Dicho navegador no solamente se puede encontrar en *Windows* sino que también se puede usar tanto en dispositivos *macOS* así como en *iOS* y *Android*.

Atrás se deja el muy controvertido *Internet Explorer* y sus innumerables incompatibilidades con los estándares y vulnerabilidades.

Logotipo *Microsoft Edge*

3.2. Chrome

Google Chrome es el navegador web desarrollado por *Google*. Puede considerarse el navegador más utilizado en internet, seguido muy de cerca por *Internet Explorer*.

La filosofía por parte de *Google* de utilizar para su desarrollo aplicaciones de código abierto, así como la velocidad de carga de las páginas web, y la gran cantidad de aplicaciones *(plugins)* de la *Chrome web store*, lo han hecho muy popular entre los usuarios de internet.

Logotipo *Google Chrome*

Una de sus premisas a la hora de diseñar este navegador fue mejorar la velocidad de los navegadores existentes.

Se puede encontrar en la mayoría de sistemas operativos, incluidos los *smartphones* y *tablets,* tanto para *Android* como para *iOS.*

3.3. Firefox

Mozilla Firefox es un navegador libre y de código abierto que gozó de gran popularidad en los años 2004 y 2005. Es el tercer navegador web más utilizado por los usuarios de internet. Surgió a partir del código del famoso navegador *Netscape.*

Su código fuente, al ser libre y abierto, permite que cualquiera pueda modificarlo y/o redistribuirlo, lo que ha provocado que aparezcan numerosas aplicaciones basadas en este navegador.

Logotipo *Mozilla Firefox*

Desde su versión 1.5 los usuarios comenzaron a quejarse del gran consumo de recursos por parte de este, lo que hacía que funcionase de forma muy lenta en ordenadores que no poseían gran cantidad de memoria. Sin embargo, en sus últimas versiones se ha mejorado notablemente el rendimiento.

Cabe destacar su gran cantidad de complementos y *plugins*. Los más importantes surgieron en *Firefox* y posteriormente se exportaron a otros navegadores.

Puede considerarse el navegador web más utilizado por parte de desarrolladores de páginas web.

Puede encontrarse en la mayoría de sistemas operativos de escritorio, aunque su aparición está en fase de desarrollo en *smartphones* y *tablets*, principalmente para el sistema *Android.*

3.4. Safari

El navegador web *Safari* fue desarrollado por *Apple*. Es el navegador web por defecto en *OS X* y en *iOS,* y también está disponible para *Windows* (aunque para este sistema operativo está sin soporte desde el año 2012).

Es sin duda el navegador web más utilizado en los ordenadores *Mac*, donde destaca su sincronización con otros dispositivos mediante *iCloud,* su rapidez de navegación, su rendimiento y la posibilidad de compartir archivos en las redes sociales más populares.

Logotipo *Safari*

Tiene su sistema de *plugins* llamado *Apps Web*, aunque no existen tantas extensiones como en *Firefox* o *Chrome.*

3.5. Opera

El navegador *Opera* está desarrollado por la empresa noruega Opera Software, en la actualidad su propietaria es una empresa de China. Existen versiones tanto para ordenadores de escritorio, dispositivos móviles o tabletas.

Logotipo *Opera*

3.6. Brave

Brave es un navegador web de código abierto basado en *Chromium*, fue creado por la Compañía Brave Software en 2016, cabe destacar que dicha compañía fue fundada por el cofundador del proyecto Mozilla y creador de JavaScript, Brendan Eich. En 2019 se lanzó el navegador para *Windows, macOS, Linux, iOS* y *Android*.

Cabe destacar que *Brave* hace mucho hincapié en la privacidad del usuario, por omisión incluye bloqueadores que impiden los rastreadores mostrar anuncios en los sitios web a los que se acceden con dicho navegador. De hecho es el navegador con mayor protección frente a *software* malicioso y *phishing*.

Logotipo *Brave*

Actividades

1. Enumerar las características principales de los navegadores más utilizados: *IEdge, Firefox, Chrome, Opera, Safari* y *Brave*.

4. Seguridad en navegadores

Cada navegador, de forma interna, tiene sus propios mecanismos de seguridad, que pueden diferir de unos navegadores a otros.

Por defecto, cada navegador ofrece unos sistemas de seguridad que, si el usuario desea extender, debe optar por realizar una configuración avanzada.

Las últimas versiones de los navegadores ofrecen de forma alternativa:

- **Navegación privada:** mediante esta opción no se va a dejar ningún rastro de la web que se visita en el ordenador. Es idóneo si se desea acceder a la banca electrónica, o incluso si el usuario se encuentra en un equipo consultando el correo electrónico en un cibercafé.
- **Integración con antivirus:** la tendencia actual es que exista una simbiosis entre el navegador y el antivirus, de tal forma que este último tenga la capacidad de detectar posibles amenazas que podrían atacar el equipo.
- **Actualizaciones:** periódicamente es recomendable dedicar unos minutos a comprobar si hay actualizaciones para el navegador o navegadores. Por regla general, el navegador web que se utilice avisará si hay disponible una nueva versión, de esta forma se asegura que el navegador siempre esté actualizado con las últimas y mejores soluciones de seguridad.
- **Identificación del sitio web:** al acceder a sitios web seguros, por regla general el navegador mostrará información de la web a la que se está accediendo, confirmando que es un sitio con contenido legítimo.
- **Limpiar el historial reciente:** al navegar por las distintas webs se almacena información, tanto en la máquina como en el navegador que se esté

utilizando. En el historial reciente se pueden ver las últimas páginas que se han visitado. Accediendo a limpiar el historial, se tiene el control total y es posible borrar estas páginas.

- **Plugins:** más adelante se explica con detalle qué son los *plugins.* El hecho de tener un *plugin* desactualizado puede representar una importante vulnerabilidad en el navegador.

 Actividades

2. Utilizando los distintos navegadores, acceder a una web y comprobar el historial pudiendo acceder nuevamente a esta.
3. Repetir el proceso anterior, pero utilizando la navegación privada.
4. Definir qué es la navegación privada.

5. Integración de aplicaciones en navegadores. Adaptadores *(plugins)*

Los *plugins* son pequeñas aplicaciones que, una vez añadidos, complementan la funcionalidad de los navegadores. Por ejemplo, los *plugins* son los encargados de mostrar el contenido multimedia, como pueden ser las animaciones en *flash,* o vídeos en cualquier formato.

La mayoría de los *plugins* son desarrollados de forma externa al propio navegador. Muchos de ellos son gratuitos, mientras que otros son de pago.

 Nota

A la hora de instalar un *plugin* hay que estar muy seguro de que ha sido verificado por los desarrolladores del navegador, que funciona en la versión que está instalada y que dispone de buen soporte y de actualizaciones periódicas.

5.1. Adaptadores comunes en diferentes navegadores

A continuación, se describen los adaptadores más comunes utilizados en los diferentes navegadores.

Firebug

En versiones anteriores del navegador *Firefox* se utilizaba un *plugin* llamado *Firebug,* dicho *plugin* estaba pensado principalmente para los desarrolladores ya que con él se podía inspeccionar el código fuente desde el mismo navegador. Fue en al año 2017 cuando el proyecto finalizó y parte de él fue incorporado a las propias herramientas para desarrolladores de *Firefox.*

Logotipo Firebug

Tanto en *Firefox* como en *Chrome,* para poder acceder a las herramientas para desarrolladores se debe clicar en el menú de la aplicación, situado normalmente en la parte derecha superior del navegador. Tanto en *Firefox* como en *Chrome* en el menú desplegable de la aplicación se debe seleccionar **Más herramientas → Herramientas para desarrolladores.**

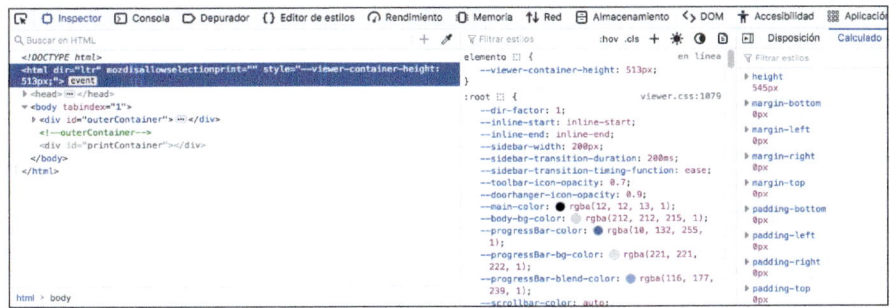

Consola Firebug en Firefox

Inspeccionar elemento

Un método rápido para ejecutar la citada anteriormente *Herramienta para
desarrolladores* consiste en clicar con el botón derecho en cualquier sitio de
la página web que se quiere examinar, y en el menú contextual que aparece
se elige la opción **Inspeccionar.** Una vez abierta la ventana auxiliar se puede
no solamente inspeccionar el código de una web, sino también, depurar, ver el
editor de estilos, la accesibilidad, etc.

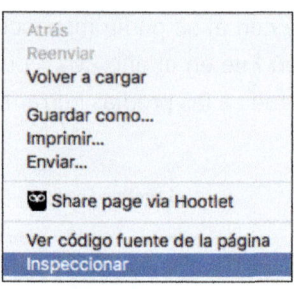

Menú *Inspeccionar*

Colorzilla

Es un *plugin* que se puede encontrar tanto en *Firefox* como en *Chrome.*

Colorzilla

Este complemento va a ayudar tanto a diseñadores como a los desarrolladores web en tareas relacionadas con el color. Este *plugin* puede obtener una
lectura de color de cualquier punto del navegador y utilizarlo en otro programa,
entre otras muchas opciones.

 Aplicación práctica

Para un diseño web se necesita averiguar un color en concreto. Ese color se encuentra en la barra de búsquedas del buscador de *Google*. ¿Qué pasos se deben llevar a cabo para saber qué color se utiliza en la barra de búsquedas utilizando *Colorzilla*?

SOLUCIÓN

Acceder a una página web, por ejemplo, www.google.es, y situarse sobre el recuadro de búsquedas. Con el botón derecho del ratón, se clica sobre este, y en el menú contextual que aparece, se selecciona la opción **Inspeccionar elemento**. Se abrirá en la parte de abajo del navegador una especie de consola mostrando el código fuente del elemento seleccionado.

Clear Cache

Es una de las extensiones para navegador más útiles y que más puede ayudar en la labor de desarrollar una web.

Clear Cache

Como ya se ha mencionado, cuando se navega por internet, parte de la información de las páginas web se guarda en el ordenador, sobre todo el contenido multimedia e imágenes. Esta información se almacena en archivos temporales, donde pasado un tiempo se borrará de forma automática, o bien se puede borrar desde el navegador web.

Puede darse el caso en que se esté editando una web y se realicen ciertos cambios en algunas imágenes sin modificar su nombre ni extensión. Si se procede a visualizar la página en el navegador, no se observará ningún cambio (pese a que existan elementos que se hayan modificado). Esto ocurre porque el navegador está leyendo el archivo que se guardó en el ordenador y no el nuevo. Para que los cambios tengan efecto se debe proceder a limpiar la memoria *caché* del navegador.

Para vaciar esta memoria se tiene que seleccionar el menú apropiado en cada navegador e ir a las opciones de limpiar *caché*.

Este *plugin* realiza precisamente ese mismo procedimiento, solamente hay que seleccionarlo en su barra de menú.

MeasureIt

Este *plugin* permite conocer las dimensiones de cualquier objeto o elemento que se encuentre en una web. Es muy útil si se quieren obtener de forma rápida las dimensiones de un campo de texto, una imagen, etc.

Esta herramienta muestra las dimensiones del objeto seleccionado en píxeles.

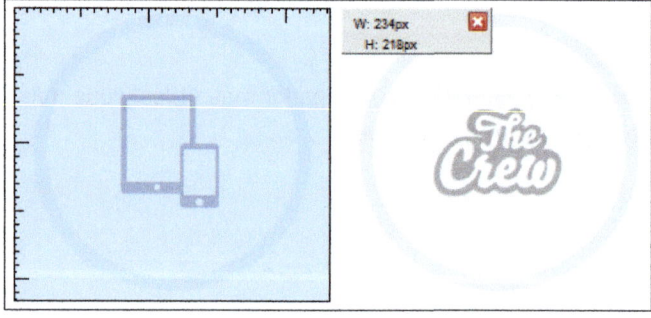

MeasureIt

Capturador de pantallas

Otro *plugin* importante es el capturador de pantallas, que va a permitir realizar capturas de pantalla tanto completas como parciales, el área visible o incluso todas las pestañas que se tengan abiertas. En este caso, se usa *Light Shot* para *Firefox* debido a su simplicidad de uso, aunque en cada navegador se puede buscar entre las distintas extensiones y añadir la que más se adecúe a nuestras necesidades.

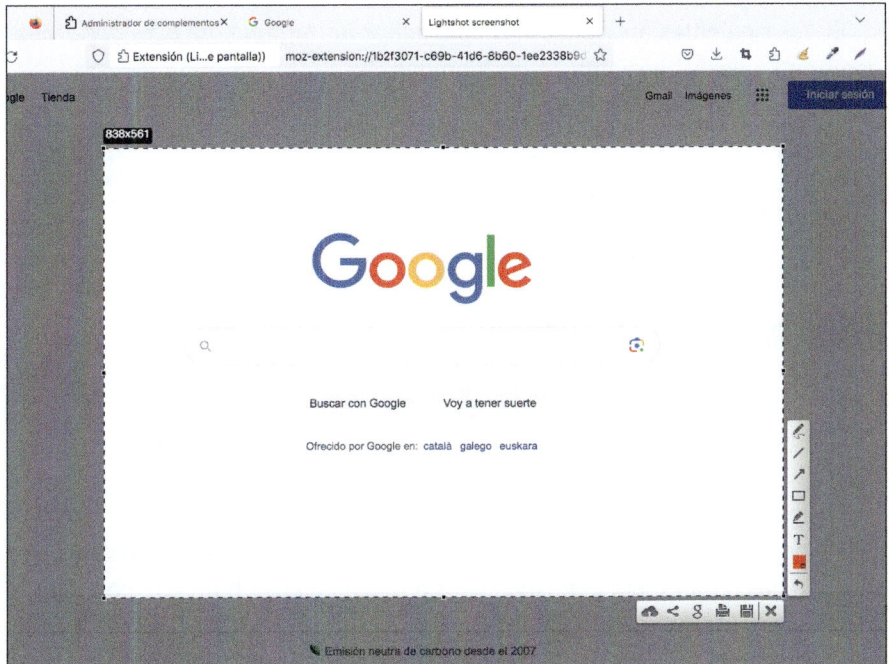

Captura de Pantalla

5.2. Configuración de tipos de ficheros y adaptadores

A continuación, se explicará el uso de las *Herramientas para desarrollado-res.*

Como se ha mencionado anteriormente, existen dos formas de abrirlo, una es a través del menú contextual con el botón derecho del ratón en la página web, a través del menú del propio navegador, y también se puede abrir utilizando la combinación de teclas [Ctrl] + [Mayús] + [I]; funcionan de igual manera tanto en *Firefox* como en *Chrome*. Para *macOS* la combinación de teclas es [Cmd] + [Alt] + [I].

Una vez abierta la *Herramienta para desarrolladores*, dependiendo del navegador que se esté usando bien aparecerá en la parte inferior de este, en el lateral o en otra ventana aparte, aunque siempre se puede personalizar y colocar en el sitio donde resulte más cómodo.

En los siguientes apartados se va a analizar la *Herramienta para desarrolladores* de Firefox y conocerla en profundidad.

Herramienta para desarrolladores de Firefox

En la imagen de la ventana mostrada anteriormente, por defecto aparece seleccionada la opción **Elementos,** la ventana a su vez está dividida en tres subventanas. La primera correspondería a todo el código hmtl que contiene la página. La parte intermedia es la que contiene todo el estilo CSS de la página, y por último, la zona de la derecha está estrechamente relacionada con la zona de estilo CSS, en donde se pueden ver las características que contiene cualquier regla CSS.

Una vez se haya seleccionado la opción de Abrir la Herramienta para desarrolladores, se abre de forma predeterminada el **Inspector,** tal y como se muestra en la imagen anterior. Además estas ventanas contienen su propio menú, que da acceso a cada una de las herramientas.

Las principales opciones contenidas en la barra de herramientas son las siguientes.

Inspector

Esta opción muestra cómo se ve el HTML en la página en la cual se encuentre en tiempo de ejecución, así como el CSS que se aplica a cada elemento de la página. También permite modificar de forma instantánea el HTML y el CSS y ver los resultados de los cambios efectuados en vivo en la ventana del navegador.

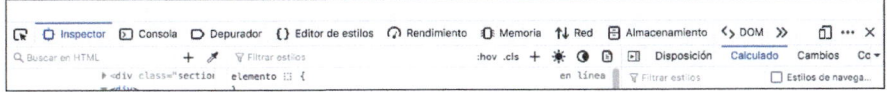

Botones de opción de Herramientas para desarrolladores

También se puede navegar por la página eligiendo cualquier elemento que forme parte de la misma y así poder inspeccionarlo, para ello habrá que seleccionar el botón que está situado a la izquierda del **Inspector** y moverse por la página hasta el elemento deseado. Al navegar por la página, se puede observar cómo se van remarcando las distintas secciones que la componen, cambiando en la vista **Inspector** tanto el HTML como el CSS que compone el elemento seleccionado.

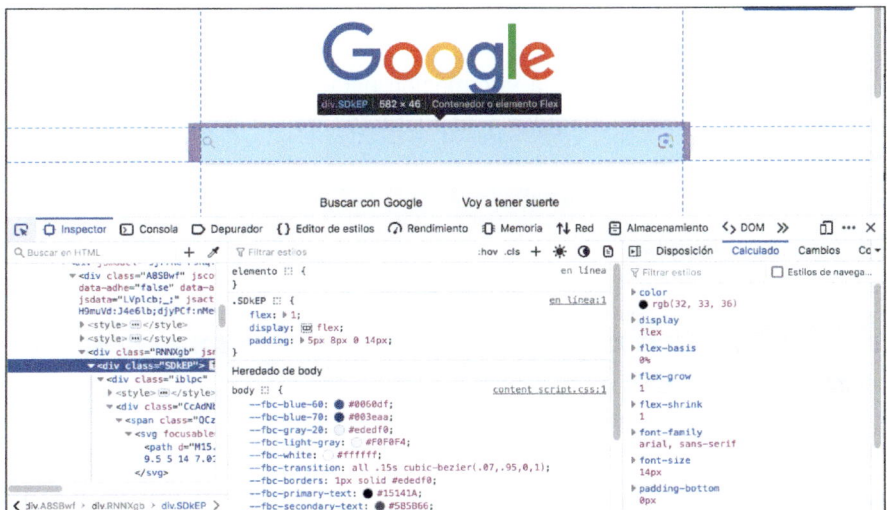

Inspeccionar elemento

Como se muestran todas las reglas CSS aplicadas a un determinado elemento, se pueden editar las propiedades CSS, agregar nuevas reglas o modificar las existentes.

Cambiar propiedades estilo CSS

Panel DOM

En este panel se muestra la información detallada sobre el DOM. El DOM es una representación jerárquica y estructurada de los elementos HTML de una página.

Árbol DOM de una web

 **Nota**

DOM es una abreviatura de *Document Objetc Model* (Modelo de Objeto de Documento).

Panel Consola

El **Panel Consola** en la *Herramienta para desarrolladores* es una característica la cual permite interactuar e incluso depurar el código JavaScript de una página web. En esta ventana no solamente se pueden ver mensajes, errores y advertencias generados por el código JavaScript, sino también, ejecutar comandos y expresiones directamente.

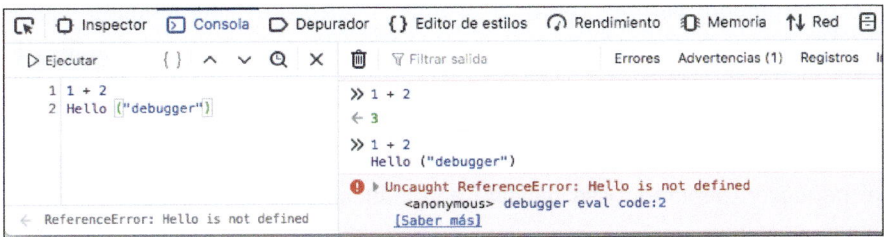

Ventana Consola

Además de las opciones citadas con anterioridad, también se tendría un *Historial de comandos*, esto es que la **Consola** mantiene un historial de comandos ejecutados, lo que facilita el acceso rápido a comandos anteriores. *El Autocompletado,* permite que cuando se escriban comandos o expresiones en la **Consola,** muestre sugerencias basadas en el contexto y la sintaxis de *JavaScript. Filtros y configuraciones.* Se pueden aplicar distintos tipos de filtros para mostrar u ocultar ciertos tipos de mensajes en la **Consola,** ya sean mensajes de depuración, advertencias o errores.

Además de todas estas funcionalidades, la **Consola** también permite el registro de eventos personalizados utilizando el método *console.log()* en el código JavaScript, lo que sirve de ayuda a la hora de rastrear el flujo de ejecución o incluso a depurar errores.

Panel Depurador

El **Depurador** es una de las características principales de las *Herramientas para desarrolladores,* ya que proporciona un entorno de depuración completo para el código JavaScript que contenga la página web.

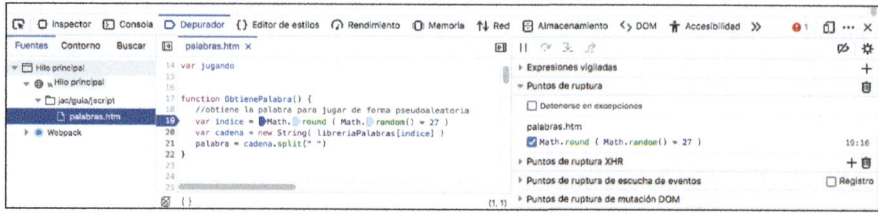

Panel Depurador

El **Depurador** permite controlar el flujo de ejecución, permitiendo pausar la ejecución en puntos específicos del código utilizando para ello puntos de interrupción *(breakpoints)*.

Un *breakpoint* es un marcador que se coloca en el código JavaScript donde el *debugger* (depurador) se pausará automáticamente en la ejecución en un lugar específico.

Sabía que...

Al añadir nuevas reglas de estilo CSS, al mismo tiempo que se está escribiendo la nueva propiedad, puede servir de ayuda con la función de autocompletado. Tan solo es necesario escribir la primera palabra y, con las teclas flecha arriba y abajo, buscar la que se necesita. Si la regla se ha definido de forma errónea, se marcará de un color rojo, mientras que si se ha definido de forma correcta, se marcará de color verde.

Panel Red

Este panel proporciona información detallada sobre todas las solicitudes y las respuestas obtenidas realizadas por una página web, permitiendo no obstante analizar el rendimiento de la red, identificar posibles problemas de carga y examinar el tráfico de red en tiempo real.

Dentro del panel se pueden aplicar distintos filtros para mostrar solamente ciertos tipos de solicitudes, como pueden ser imágenes, solicitudes JavaScript, etc.

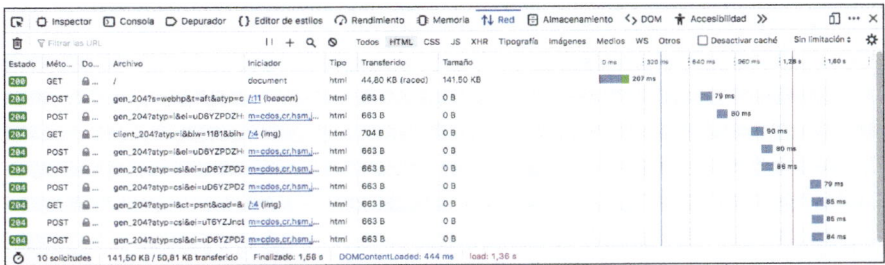

Tiempos de carga de la web

Además de mostrar información sobre las respuestas y solicitudes de red, este panel también ofrece una serie de herramientas adicionales, como la posibilidad de simular los tiempos de carga con diferentes tipos de conexión.

 Importante

Es importante analizar los tiempos de carga y el peso de las distintas imágenes, ya que cuanto menos tamaño tengan las imágenes que componen la web, más rápido cargará el sitio.

Proseguimos adentrándonos en las *herramientas para desarrolladores* en esta ocasión vamos a ver la **Vista de diseño adaptable**. Al seleccionar esta opción se abre un panel en el que se puede ajustar manualmente el tamaño de la ventana y de esta forma simular diferentes resoluciones y tamaños de pantalla para poder probar y visualizar la página web en diferentes tamaños de pantalla y dispositivos.

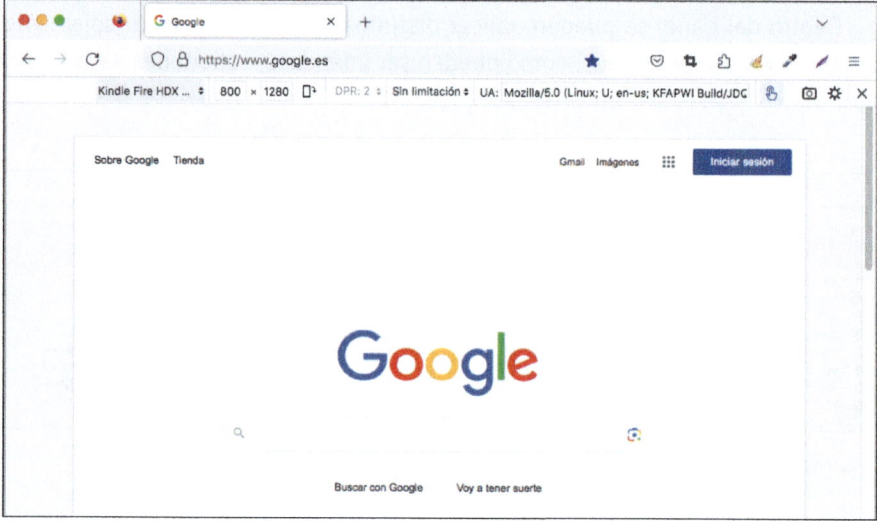

Activar/desactivar herramientas dispositivo

En las distintas opciones que aparecen se puede seleccionar por ejemplo distintos tamaños de pantalla, perfectos para simular dispositivos, permitiendo también el ingresar valores y dispositivos personalizados.

Opciones dispositivos móviles

Se puede cambiar la orientación de la pantalla, entre horizontal y vertical, escalar la página simulando acciones de *zoom,* inspeccionar elementos y usar la recarga automática para que la página se actualice de forma automática cada vez que se cambie el tamaño de la ventana del navegador.

Recuerde

En el menú **Elementos,** se puede visualizar el código de la página web, remarcar que funciona de igual forma tanto si se tiene la web en tamaño escritorio o se ha seleccionado la herramienta para emular un dispositivo móvil.

Se pueden usar las herramientas del **Inspector de elementos** en modo de vista de diseño adaptable seleccionando distintos elementos individuales y ver cómo se ajustan en diferentes tamaños de pantalla. Esto es especialmente útil si se está haciendo un diseño *responsive.*

Actividades

5. Abrir el panel **Herramientas** para desarrolladores seleccionar la Vista de diseño adaptable y probar a cambiar entre los distintos dispositivos.
6. Definir el panel Consola, Red y ver el árbol DOM de una página web.
7. En el panel CSS probar a cambiar alguna regla de CSS y ver cómo cambia al mismo tiempo en el navegador.

5.3. Conformidad a estándares

El que una web cumpla con los estándares puede significar que facilite a
los motores de búsqueda la evaluación y acceso a la información de los documentos que contiene, siendo estos incluidos en los buscadores y dotándolos
de una mayor visibilidad.

Estos estándares son cumplidos por la mayoría de navegadores actuales.
Aunque un navegador más antiguo pueda entender la estructura básica, no
podrá entender las nuevas especificaciones de los estándares. Por tanto, se
mostrará la información del sitio web, pero obviando las nuevas adiciones.

Si se desea que el sitio cumpla con los estándares web, existen herramientas gratuitas que brindan la posibilidad de verificar la página mediante un
servicio de validación. Estos servicios analizan los documentos, y presentan
a modo de lista los errores que estos puedan contener, facilitando la tarea de
encontrar y corregir dichos errores, y ahorrando de esta forma mucho tiempo.

El cumplimiento de los estándares es importante, no solo para que el sitio sea
mejor indexado por los motores de búsqueda, sino también para permitir que las
páginas sean entendidas por usuarios con navegadores distintos a los usuales, ya
se encuentren accediendo desde un ordenador, un *smartphone* o una pantalla de
televisión, sin olvidar los navegadores de voz, que leen páginas web en voz alta a
personas con dificultades visuales, los navegadores braille, etc.

 Nota

Es posible consultar todos los estándares de la W3C en <http://www.w3c.es>

Para esta tarea, es posible utilizar una herramienta gratuita proporcionada
por la W3C.

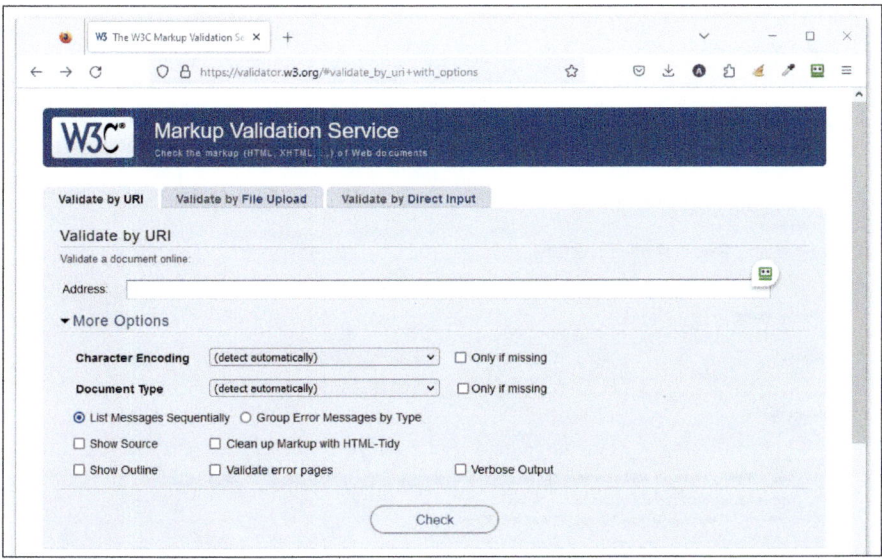

Herramienta de validación W3C

Consta de tres pestañas distintas:

- **Validate by URI:** aquí se añade el URL de la web que se desee analizar, muy útil para aquellas páginas que ya estén en Internet.
- **Validate by File Upload:** es posible subir un archivo HTML, lo que será útil para aquellas webs que todavía no hayan sido publicadas en Internet.
- **Validate by Direct Input:** permite añadir directamente el código a validar, copiando y pegando.

En caso de que la página analizada contenga errores, la herramienta mostrará un listado y sugerencias de cómo resolverlos.

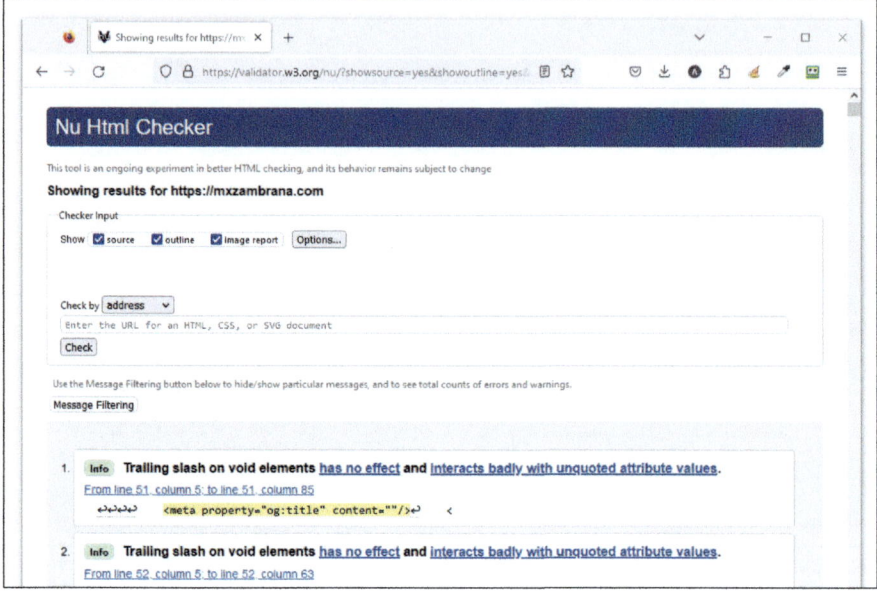

Errores de validación

6. Resumen

La interfaz de usuario es el medio a través del cual un usuario va a interactuar con el navegador.

Existen numerosos navegadores web, los principales son: *Edge, Chrome, Firefox, Safari, Opera* y *Brave*.

Los motores de exploración son también conocidos como motores de búsqueda. Entre los más importantes se incluyen: *Google, Yahoo! Search, MSN,* y *Bing*.

Cada navegador, de forma interna, tiene sus propios mecanismos de seguridad, y estos pueden diferir de unos navegadores a otros.

Por defecto, cada navegador ofrece unos sistemas de seguridad que, si el usuario desea extender, debe hacerlo mediante una configuración avanzada.

Los *plugins* son pequeñas aplicaciones que, una vez añadidos, complementan la funcionalidad de los navegadores.

El cumplimiento de los estándares es importante no solo para que el sitio sea mejor indexado por los motores de búsqueda, sino también para permitir que las páginas sean entendidas por usuarios con navegadores distintos a los usuales, ya se encuentren en un ordenador, en un *smartphone* o en una pantalla de televisión, sin olvidar los navegadores de voz que leen páginas web en voz alta a personas con dificultades visuales, los navegadores braille, etc.

Ejercicios de repaso y autoevaluación

1. **De las siguientes frases, indique cuáles son las verdaderas y cuáles son las falsas.**

   a. Las páginas web están escritas en su mayor parte en HTML.

      ☐ Verdadero
      ☐ Falso

   b. Un navegador web no interpreta los archivos que componen una web.

      ☐ Verdadero
      ☐ Falso

   c. El contenido de una página web es solamente texto.

      ☐ Verdadero
      ☐ Falso

2. **Complete las siguientes oraciones.**

   Internet está formado por _____ ____ _____ de páginas ___.
   _____. El motor de _____ nos ayuda a encontrar aquellas
   _____ que sean relevantes a nuestra búsqueda.

   Los motores de exploración son también conocidos como _____ _____
   _____

3. **De las siguientes frases, indique cuáles son las verdaderas y cuáles son las falsas.**

   a. La función básica de un navegador web es la ejecución de documentos
      HTML y mostrarlos por pantalla.

      ☐ Verdadero
      ☐ Falso

b. Ningún navegador moderno utiliza el motor de JavaScript.

☐ Verdadero
☐ Falso

c. Algunas páginas web almacenan información en el ordenador para un uso
posterior.

☐ Verdadero
☐ Falso

**4. ¿Qué tres navegadores web se pueden encontrar en la mayoría de sistemas
operativos?**

_____

_____

5. Relacione los siguientes elementos:

a. Navegador desarrollado por *Google* y es el más utilizado en internet.
b. Navegador que destaca por su privacidad y seguridad.
c. Es el principal navegador en entorno *Windows* y lo trae por defecto.

__ *Edge*
__ *Brave*
__ *Chrome*

6. ¿Qué es un *plugin*?

_____

_____

_____

_____

7. ¿La mayoría de los *plugins* son desarrollados de forma externa al propio navegador?

    a. Depende del navegador que sea.
    b. En *Opera* sí, en los demás no.
    c. Normalmente, sí.

8. ¿Cuál es la principal característica la *Herramienta para desarrolladores?*

    _____
    _____
    _____
    _____

9. El *plugin ColorZilla*...

    a. ... muestra información sobre el HTML.
    b. ... permite depurar JavaScript.
    c. ... puede obtener una lectura de color en cualquier punto del navegador.

10. ¿Qué capacidades tiene el *plugin MeasureIt?*

    _____
    _____
    _____
    _____

11. De las siguientes frases, indique cuáles son las verdaderas y cuáles son las falsas.

    a. Al seleccionar la herramienta de desarrolladores de *Chrome,* esta puede aparecer en una nueva ventana.

        ☐ Verdadero
        ☐ Falso

b. La herramienta para desarrolladores solamente está disponible para el
navegador *Chrome* pero no para *Firefox*.

☐ Verdadero
☐ Falso

c. En la herramienta para desarrolladores en el panel Consola no es posible
añadir ningún tipo de código.

☐ Verdadero
☐ Falso

12. De las siguientes frases, indique cuáles son las verdaderas y cuáles son las falsas.

a. Al inspeccionar un elemento es posibles modificar sus propiedades.

☐ Verdadero
☐ Falso

b. No se puede eliminar ninguna regla de estilo CSS.

☐ Verdadero
☐ Falso

c. Es posible añadir nuevas reglas de estilo CSS.

☐ Verdadero
☐ Falso

13. ¿Para qué sirve el panel Red de la herramienta para desarrolladores?

_____

_____

_____

_____

_____

14. Relacione los siguientes elementos.

a. Permite ver la estructura de objetos que genera el navegador.
b. Permite analizar el tráfico que genera la web.
c. Permite modificar los atributos CSS.

__ Pestaña CSS.
__ Pestaña DOM.
__ Pestaña Red.

15. Razone por qué es importante el cumplimiento de los estándares.

_____
_____
_____
_____

Capítulo 3

Creación de contenido web dinámico

Contenido

1. Introducción

La razón principal de que las personas aprendan lenguajes y técnicas de programación es el poder utilizar el ordenador como una herramienta para resolver problemas.

El programador necesitará aprender a resolver problemas de un modo riguroso y sistemático, utilizando aquella metodología necesaria para solucionar los problemas mediante programas. Este concepto se denomina **metodología de la programación.**

En un principio, crear páginas web era tan sencillo como utilizar un procesador de texto. Solamente era necesario conocer unas cuantas etiquetas HTML, tener las imágenes necesarias, y con ello se conseguía crear una página web. En la actualidad, con la aparición de nuevas tecnologías tales como JavaScript, ASP, PHP, JSP y Java, esta tarea parece reservada exclusivamente a programadores informáticos.

La conjunción de varias de estas tecnologías, tales como las hojas de estilo en cascada (CSS), el HTML dinámico, JavaScript asíncrono, y XML (AJAX) brindan la posibilidad de convertir el HTML estático en un entorno web interactivo.

2. Fundamentos de programación

Mediante los fundamentos de programación se dotará al alumno de una base adecuada, de forma que pueda conocer las técnicas de programación modernas a través de lenguajes de alto nivel estructurados.

Toda información que maneja un algoritmo ha de almacenarse necesariamente en algún sitio accesible, que en este caso es la memoria principal. La memoria de un ordenador se divide en casillas o celdas de igual tamaño. Cada casilla es accesible mediante una dirección a la que se denomina **posición de memoria,** que identifica unívocamente a esa casilla.

La descripción de un algoritmo mediante un lenguaje que entienda el ordenador, junto con la correcta representación en la memoria de la información que maneja, se denomina **programa**. Tanto los programas como la información que estos manejan se alojan en la memoria.

Los lenguajes de programación de alto nivel manejan los datos, asociándoles un nombre, y no su dirección. La gestión de las localizaciones y asignación de memoria a los datos que manejan los programas es tarea del compilador.

Sabía que...

Un algoritmo es el conjunto ordenado de los pasos a seguir para resolver un problema concreto, sin ambigüedad, y en un tiempo finito.

En este capítulo se explicarán los conceptos de forma teórica. A través de pseudocódigo, se mostrarán aquellas estructuras básicas y las reglas fundamentales para la elaboración de programas.

Definición

Pseudocódigo
Los pseudocódigos escriben los algoritmos de programación usando una mezcla de lenguaje común con instrucciones de programación.

2.1. Constantes y variables. Tipos de datos simples y estructurados

Un **dato** es un conjunto de celdas o posiciones de memoria, que tiene asociado un nombre (identificador) y un valor (contenido). No todos los datos ocupan el mismo número de celdas de memoria; en los datos hay que distinguir dos partes: el **nombre** y su **contenido.**

Los datos que maneja un programa pueden clasificarse de forma muy general en **constantes** y **variables.** A continuación, se explica cada una de ellas más detenidamente.

Constantes

Es un dato cuyo valor no cambia durante la ejecución de un programa.

Constantes reales válidas

Ejemplo: 0.136;+65741; 1.537.

Constantes reales no válidas

Ejemplo: 1,53.70 (comas no permitidas)

Constantes reales en notación científica

Ejemplo: 3.123456E2 equivale a 3.123456×10^2

Las **constantes** pueden ser tanto numéricas como de caracteres. En este caso, se trataría de un carácter válido encerrado entre apóstrofos.

Ejemplo: 'd'   '4'   '-'   'A'   'h'

Una **cadena** es una **secuencia de caracteres,** y una **constante tipo cadena** es una cadena de caracteres encerrada entre apóstrofos.

Ejemplo: 'perico Jiménez'   'Adolfo Gutiérrez Gómez'

 **Nota**

Para incluir el apóstrofo dentro de la cadena de caracteres hay que incluir dos apóstrofos encerrados dentro de comillas simples.

Constantes lógicas (booleanas)

Solamente existen dos tipos de constantes **lógicas:** verdadero y falso.

Variables

Una **variable** es un objeto de datos cuyo valor puede cambiar durante la ejecución de un programa. Se pueden encontrar diferentes tipos de variables: enteras, reales, carácter, lógicas y de cadena.

Una variable de un determinado tipo puede tomar valores únicamente de ese tipo; una variable de tipo **entera** solamente puede tomar valores enteros, mientras que una variable tipo **carácter** puede tomar como valor solo caracteres.

Para definir una variable (asignarle un nombre), se le atribuyen los siguientes atributos: **nombre** que se le asigna, y **tipo** que se describe. Los nombres de las variables suelen ser caracteres alfanuméricos, de los cuales el primero normalmente es una letra.

Ejemplo: Nombre_apellidos; Notas; Precios.

Nota

Los nombres de las variables elegidas deben ser significativos y tener relación con el objeto que representan. Por ejemplo, CIUDADES (para representar ciudades) o PRECIOS (para representar precios de diferentes artículos).

Actividades

1. Definir qué son las variables y qué son las constantes. Incluir algunos ejemplos válidos.

Tipos de datos

La mayoría de los ordenadores pueden trabajar con distintos tipos de datos. Cuando en un algoritmo o programa se especifica que un dato es de un determinado tipo, se está dando al ordenador de manera implícita la siguiente información:

- El **rango** de los valores permitido para ese dato.
- El **conjunto** de operaciones que pueden aplicarse a los datos de ese tipo.

Existe una clasificación para los tipos de datos más comunes de los admitidos por un lenguaje de programación; esta clasificación englobará los tipos de datos **simples** y los tipos de datos **compuestos.**

Simples

Los datos simples son aquellos que no tienen estructura, como pueden ser los numéricos, los lógicos, los de carácter y los de cadena.

Los numéricos pueden presentarse en dos formas:

▪ **Enteros:** son números completos, sin ser fraccionarios o decimales y pueden ser tanto positivos como negativos.
Ejemplos de números enteros:

▪ 5   6
▪ -15   26
▪ 1125   18

▪ **Reales:** siempre tienen un punto decimal, y pueden ser tanto positivos como negativos. Constan de un entero y una parte decimal.

Ejemplos de números reales:

▪ -6.12   3527.1
▪ 0.001   54.245
▪ 3.1274122×10^6

Los **lógicos** (booleanos) solamente pueden constar de dos valores: verdadero y falso.

En cuanto al **carácter,** el rango es un conjunto finito y ordenado de caracteres. Este conjunto suele ser normalmente el código ASCII, que en su forma original tiene 128 elementos, numerados desde 0 al 127, entre los que se incluyen las letras minúsculas y mayúsculas, los dígitos del 0 al 9, y los dígitos especiales. Posteriormente, este código fue extendido hasta completar 256 elementos, llamándose entonces **ASCII extendido.**

La **cadena** es una secuencia de caracteres que se encuentran encerrados entre comillas (apóstrofos) o dobles comillas.

Ejemplos de tipo cadena:

▪ 'hola que tal'
▪ "soy una cadena con dobles comillas"
▪ '9 de noviembre de 1947'

 Actividades

2. Señalar las diferencias entre los datos de tipo entero, real, carácter, lógicos y cadena.

Datos estructurados

Los datos estructurados son conjuntos de datos. Cada uno de estos conjuntos está constituido por datos simples, como pueden ser las matrices, los ficheros, o los registros.

2.2. Expresiones y sentencias. Operadores básicos

Las expresiones se forman mediante combinaciones de variables, que pueden ser: constantes, paréntesis, símbolos de operación y funciones, que cumplirán unas determinadas reglas a la hora de construir una expresión.

Por ejemplo:

$$Cos(a * pi) + (b-3) * \sqrt{c}$$

Tipos de operadores

Se pueden distinguir los siguientes tipos de operadores:

- **Aritméticos:** los símbolos -, +, *, y las palabras claves **div** y **mod,** se conocen como **operadores aritméticos.**
  En la operación 7 + 5, los valores 7 y 5 se consideran **operandos,** mientras que el valor de la expresión 7 + 5 se conoce como **resultado.** Los operadores se usan de igual forma que en matemáticas.
  Los cálculos realizados sobre tipos de datos reales y enteros suelen dar resultados del mismo tipo si los operandos lo son también.

- **Lógicas o booleanas:** estas se forman combinando constantes lógicas, variables y otras expresiones lógicas. Para ello, se utilizan los operadores lógicos **not, and** y **or,** y los operadores relacionales (=, <, >, <=, >=, <>).

Tabla de operadores relacionales	
Operadores relacionales en pseudocódigo:	
<	Menos que
<=	Menor o igual que
>	Mayor que
>=	Mayor o igual que
=	Igual que
<>	Distinto que

Actividades

3. Desarrollar la tabla de operadores relacionales.

Las **expresiones** son combinaciones de constantes, variables, literales, símbolos de operación, paréntesis y funciones especiales, que se rigen por una sintaxis correcta.

Las expresiones que tienen dos o más operandos requieren unas reglas matemáticas que permitan determinar el orden de las operaciones. Estas reglas se denominan **reglas de prioridad o precedencia,** y son las siguientes:

- Las operaciones encerradas entre paréntesis se evalúan primero. En caso de existir diferentes paréntesis anidados, las expresiones internas se evaluarán antes que las externas.

- Las operaciones aritméticas dentro de una expresión suelen seguir el siguiente orden de prioridad:

  - Operador exponencial (^ ó **),
  - Operadores *, /, \,
  - Operadores **div** y **mod,**
  - Operadores +, -.

- Para las expresiones lógicas, el orden de precedencia es el siguiente:

  - ( ),
  - NOT, AND, OR,
  - =, >, <, >=, <=, <>

 Aplicación práctica

Encontrar el valor de la variable VALOR después de la ejecución de las siguientes operaciones.

- VALOR = 4.0 * 5
- X = 3.0
- Y = 2.0
- VALOR = X ^ Y - Y
- VALOR = 5
- X = 3
- VALOR = VALOR * X

SOLUCIÓN

Valor = 15

Actividades

4. ¿Cuál es el resultado de las siguientes expresiones, aplicando las reglas de prioridad?

▪ 8 + 7 * 3 + 4 * 6
▪ 5 + 3 * (17 - 4 ^ 2)

5. Enumerar el orden de prioridad dentro de una expresión.

2.3. Control de flujo: secuencial, bucles y condiciones

El **control de flujo** se refiere al orden en el que se ejecutan las instrucciones del código del programa. Dicho programa puede ser lineal o no lineal.

En caso de que un programa sea lineal o secuencial, se observará que las instrucciones se ejecutan secuencialmente, es decir, una tras otra, siendo la salida de una la entrada de la siguiente:

Instrucción 1
Instrucción 2
. .

. .
Instrucción n
Instrucción x

Si se está ante un programa no lineal, cuando se lleva a cabo una determinada acción, se interrumpe la secuencia lineal y se produce una bifurcación.

Bifurcación

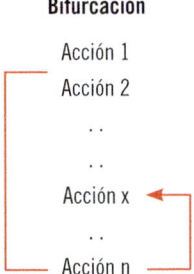

 Sabía que...

En la actualidad, el flujo secuencial es prácticamente inexistente, ya que muchos programas hacen llamadas a funciones y esto hace que se conviertan en no secuenciales.

Dentro del flujo de un programa, se pueden realizar dos tipos de bifurcaciones:

■ **Bifurcación incondicional:** esta bifurcación se realiza siempre que el flujo del programa pase por la instrucción sin tener que cumplir ninguna condición.

Bifurcación incondicional

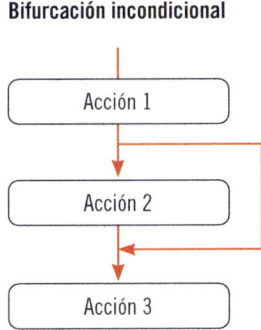

■ **Bifurcación condicional:** esta bifurcación se realiza si se cumple una determinada condición. En caso de cumplirse, el flujo sigue ejecutando la acción **operación 1**. En caso de no cumplirse, se ejecuta la acción **operación 2.**

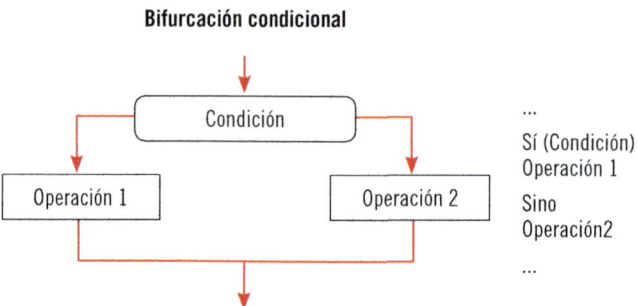

Bifurcación condicional

...
Sí (Condición)
Operación 1
Sino
Operación2
...

Bucles

Un bucle o *loop* es aquel segmento del bloque de código cuyas instrucciones se repiten un determinado número de veces, mientras se cumpla una determinada condición. Es necesario establecer mecanismos para determinar las tareas repetitivas. A estos mecanismos se les llama **condiciones,** pudiendo ser estas verdaderas o falsas. Las condiciones se comprueban una vez a cada **paso** o **interacción** del bucle.

Un bucle está formado por tres partes:

■ Decisión.
■ Cuerpo del bucle.
■ Salida del bucle.

 Nota

Loop también se traduce a veces como lazo o ciclo.

Bucle infinito

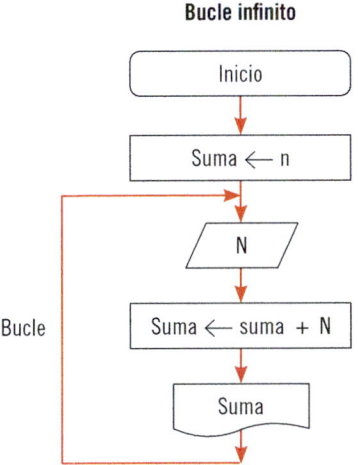

El bucle de la imagen superior es infinito, ya que las instrucciones **n, suma<-suma + n y suma,** se ejecutan indefinidamente, al no cumplirse ninguna condición.

Una vez se haya procedido a la lectura de la variable N, inmediatamente se añade una condición. El bucle dejará de ser infinito y finalizará en cuanto la condición sea verdadera.

Bucle con fin

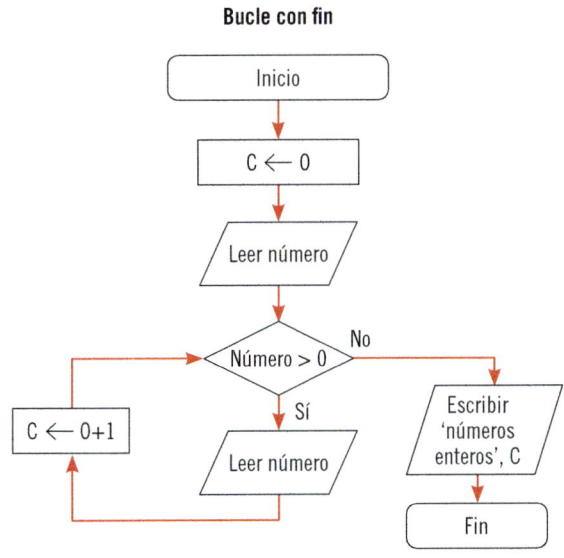

Dentro de una estructura de código pueden existir varios bucles. Estos pueden ser anidados o independientes. Un bucle **anidado** es aquel que se encuentra dentro de otros bucles, mientas que los bucles **independientes** son aquellos que son externos unos a otros.

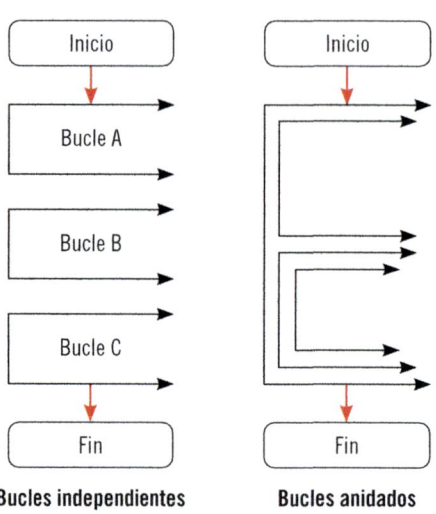

Bucles independientes y anidados

Bucles independientes　　　**Bucles anidados**

Aplicación práctica

En un fichero se tienen las notas de 35 alumnos de una clase, establecidas entre 0 y 10. Existe un bucle que va recorriendo todos los alumnos para mostrar sus notas y, en caso de llegar a 35, finaliza el proceso. Pero el código con el que se cuenta no funciona como se esperaba. ¿Dónde está el error en el siguiente algoritmo? Razone su respuesta.

1. Inicio
2. constante ALUMNOS = 35
3. variable NOTAS (entero)
4. si ALUMNOS <= 35 hacer

Continúa en página siguiente >>

<< Viene de página anterior

```
NOTAS = 6.25
ALUMNOS = ALUMNOS +1
Muestra NOTAS
Muestra ALUMNOS
fin
```

SOLUCIÓN

En primer lugar, se tiene una variable de tipo entero a la que se asigna un valor de tipo real. Para ello, es necesario cambiar la variable a real. Variable NOTAS (real).

En segundo lugar, se tiene una constante que incrementa su valor en 1, y las constantes son objetos cuyo valor no cambia durante la ejecución de un programa. Así que el incremento no se produciría, y a la hora de mostrar resultado de alumnos, siempre aparecería el mismo valor, es decir, 35.

Lo correcto sería lo siguiente:

```
Inicio
variable  ALUMNOS = 0
variable NOTAS (real)
si ALUMNOS <= 35 hacer

     NOTAS = 6.25
     ALUMNOS = ALUMNOS +1
     Muestra NOTAS
     Muestra ALUMNOS

 fin
```

Contadores

Los procesos repetitivos son la base del uso de los ordenadores. En estos procesos, es necesario contar las acciones internas del bucle, como forma de controlar el bucle mediante un contador. El **contador** es una variable cuyo valor se va incrementando o decreciendo, en una cantidad constante en cada acción del bucle.

En la siguiente figura se presenta un algoritmo, el cual se desea repetir 50 veces. El contador se representa con la variable *CONT*. En primera instancia, esta variable se inicializa a 1, y una vez dentro del bucle condicional, se comprueba si la variable *CONT > 50 (variable mayor que 50)*. En caso de ser menor, pasa al cuerpo del bucle aumentando en 1 el valor de la variable *CONT*. De esta forma, *CONT <- CONT + 1*. En caso de que la variable *CONT* sea mayor o igual que 50, se cumple la condición **sí,** y el bucle finaliza.

Bucle con contador

```
                    ┌──────────┐
                    │  Inicio  │
                    └────┬─────┘
                         ▼
                  ┌────────────┐
                  │ CONT ← 1   │
                  └─────┬──────┘
                        ▼
                  ╱─────────────╲      Sí
                 ╱  CONT > 50    ╲──────────┐
                 ╲               ╱          │
                  ╲─────────────╱           │
                      │ No                  ▼
                      ▼               ┌──────────┐
              ┌────────────────┐      │   Fin    │
              │ Cuerpo del bucle│     └──────────┘
              └────────┬───────┘
                       ▼
              ┌────────────────┐
              │ CONT←CONT+1    │
              └────────────────┘
```

Nota

El contador puede ser positivo (se va incrementando su valor) o negativo (su valor decrece). En caso de ser negativo, el bucle finaliza al llegar a 0.

 Aplicación práctica

Se desea realizar cincuenta copias de una factura de venta. Realice el diagrama de flujo que resolvería este problema utilizando un contador negativo.

SOLUCIÓN

La tarea consiste en imprimir cincuenta copias. Al utilizar un contador negativo, es necesario igualar el contador inicialmente a 50, y dentro del bucle, comprobar si se ha llegado a cero. En caso contrario, es necesario ir decreciendo el valor del contador en 1.

Solución aplicación práctica

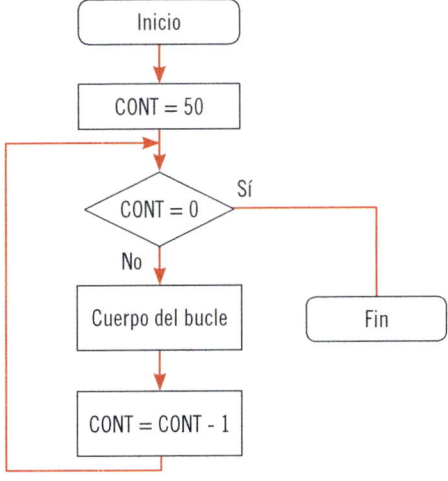

2.4. Subprogramas: procedimientos y funciones. Librerías

La programación modular es una filosofía de programación, y consiste básicamente en dividir un algoritmo en unidades de menor tamaño, en donde cada fragmento realiza una tarea explícita y única. Cada uno de esos fragmentos recibe el nombre de **subprograma** o **módulo.** En algunos lenguajes de programación, los módulos reciben el nombre de **subrutina.** Un módulo es un algoritmo que puede diseñarse de forma independiente del contexto en el cual va a utilizarse.

Una **función** es una sección del programa que realiza una tarea específica, tomando uno o más **argumentos** y retornando un **resultado.** Todos los lenguajes de programación disponen de funciones incorporadas, además de las funciones que puede definir el propio usuario.

Si se presenta el caso en que se necesita calcular varios resultados a la vez, o simplemente realizar una tarea específica que sea diferente al cálculo, (que no devuelva ningún valor), se observará que no se puede utilizar una función para tal fin, necesitando disponer de otro tipo de subprograma: **el procedimiento.** Estas tareas se realizan mediante procedimientos, que no son más que programas etiquetados con un nombre, y parametrizados de forma que, una vez definidos, puedan ser utilizados en cualquier sitio.

Actividades

6. Definir qué es un procedimiento y qué es una función.

2.5. Tipos de parámetros

El tipo de parámetro es el conjunto de valores que puede tomar una variable. Es el conjunto de transformaciones de funciones externas e internas definidas sobre el conjunto de datos.

Existen dos tipos de datos: simples, como los numéricos y alfanuméricos, y las estructuras de datos, pudiendo ser estas internas o externas.

Los tipos de datos numéricos son aquellos cuyo valor corresponde a una serie de dígitos (0-9) que, en su conjunto, proporcionan un valor numérico.

Estos pueden ser de tipo entero o real, pudiendo ser precedidos con los signos (+) o (-).

Los tipos de datos alfanuméricos son aquellos cuyo valor corresponde a caracteres, normalmente letras del alfabeto, números, caracteres especiales, o una combinación de ellos.

2.6. Llamadas a funciones. Recursividad

Un subprograma puede llamar a cualquier otro subprograma, este a otro, y así sucesivamente. ¿Qué ocurre si un subprograma se llama a sí mismo? En este caso se convertiría en **recursivo.**

La **recursividad** se produce cuando una función o un procedimiento se llaman a sí mismos. Es muy utilizada sobre todo en aplicaciones que realizan cálculos, ya que puede utilizarse como una alternativa a la repetición o a la estructura repetitiva.

Ejemplo:

FACTORIAL <- N * FACTORIAL (N – 1)

2.7. Nociones de orientación a objetos: clase y objetos. Herencia

La POO (Programación Orientada a Objetos) es un nuevo paradigma de la programación. Esto significa que es una nueva forma de organizar el conocimiento, y de pensar sobre lo que significa programar, y sobre cómo se estructura la información dentro de los ordenadores.

Existen entidades a las que se llama **objetos.** Los objetos se comunican con otros objetos mediante mensajes: un mensaje le dice a un objeto qué acción debe iniciar, es decir, qué método debe ejecutar. Aquellos objetos que tienen unas características y un comportamiento similares son agrupados en **clases.**

La **herencia** permite que las subclases hereden automáticamente los métodos de las clases principales. Además, cualquier método que acepte una clase determinada como argumento aceptará todas sus subclases de la misma forma.

La **encapsulación** es un mecanismo de control para mantener la ocultación de los datos o del estado de un objeto, de forma que solo es posible modificarlo a través de los métodos definidos para el mismo.

Un objeto es el dispositivo que soporta la encapsulación. El objeto oculta parte de su información a otros, de forma que solo se puede acceder a este a través de los mensajes de su propia interfaz. Los atributos y métodos están integrados en un objeto, de tal forma que solo el mismo puede modificar sus propios atributos así como sus propios métodos.

A continuación, se indican las principales características de la Programación Orientada a Objetos:

- **Objeto:** se corresponde con una entidad del mundo real. Consta de dos partes: una estructura de datos, y unas operaciones que manejan esa estructura, llamadas **métodos.** Un objeto contiene atributos, a los que se llamarán **variables de instancia**. El objeto tiene una parte visible y una parte oculta. En la parte visible, llamada **interfaz** o **protocolo del objeto,** solo se pueden ver los nombres de los mensajes que el objeto entienda, mientras que en la parte oculta se muestran la implementación de esos métodos y los atributos.
- **Atributos:** dos objetos tendrán, en un principio, distinto valor que sus atributos. Para acceder a los atributos de un objeto, no será posible hacerlo de forma directa, sino con los métodos de protocolo del objeto.
- **Mensajes y métodos:** un objeto se comunica con otros mediante mensajes. Un mensaje implica la realización de una acción, es decir, la ejecución de un método. Los métodos operan sobre los valores de los atributos, y determinan el comportamiento de un objeto.
- **Clases:** todos los objetos con los mismos atributos y que entienden los mismos mensajes se agrupan en una clase. Las instancias, o ejemplares de una clase, son los objetos. Una clase también es un objeto, y por tanto, debe ser instancia a su vez de una clase llamada **metaclase.** Las

clases también constan de variables y métodos, llamados **variables de clase** y **métodos de clase.** Las variables de clase son compartidas por todos los objetos de una misma clase.

■ **Herencia de clases:** se establece una jerarquía de clases, en la que una clase hereda los atributos de una clase superior y sus métodos. A la clase superior se le llama **clase base,** y a la clase que hereda, se le llama **clase derivada.** Los objetos de una clase derivada entenderán los mismos mensajes y tendrán los mismos atributos que los objetos de su clase base. Además, una clase puede añadir nuevos métodos y nuevos atributos, o anular o redefinir los métodos de su clase base.

■ **Polimorfismo:** un mismo mensaje puede ser válido para más de una clase, ya que su implementación puede ser distinta. Puede darse el caso de que existan varios métodos para un mismo mensaje. Cuando esto ocurre, se dice que hay polimorfismo o sobrecarga de funciones. El polimorfismo se puede aplicar tanto a funciones como a operadores. En el segundo caso se habla de sobrecarga de operadores.

Ejemplo de diagrama de clases

Persona
Nombre
Registrar() Consultar() Sueldo()

Institución
- Nombre - Dirección
- Registrar() - Consultar() - SueldoTotal() - Resumen()

Administrativo
Area
Registrar() Consultar() Sueldo()

Docente
Cargo horastrabajadas
Registrar() Consultar() Sueldo()

Personal limpieza
Turno
Registrar() Consultar() Sueldo()

En la ilustración anterior se pueden observar los conceptos mencionados en la POO.

Cada diagrama representaría una clase; por un lado, las clases principales (Persona, Institución) y por otro, las clases hijas (Administrativo, Docente y Personal de limpieza). Estas clases hijas heredan métodos de su clase base, que métodos son: Registrar, Consultar y Sueldo.

 Actividades

7. Dentro de la Programación Orientada a Objetos, definir qué es una clase, un objeto, la herencia de clases y el polimorfismo.

2.8. Principales metodologías de programación

La definición sobre las metodologías de programación fue dada por *Avison* y *Fitzgerald* (1995):

> *Una metodología es la colección de procedimientos, técnicas, herramientas y documentos auxiliares que ayudan a los desarrolladores de software en sus esfuerzos por implementar nuevos sistemas de información. Una metodología está formada por fases, que guiarán a los desarrolladores de sistemas a elegir las técnicas más apropiadas en cada momento del proyecto y también a planificarlo, gestionarlo y evaluarlo.*

Cada metodología de desarrollo de *software* tiene su propio modelo de proceso. Los más conocidos son los siguientes:

- **Modelo secuencial:** inicialmente se realiza un completo análisis de los requisitos de los usuarios, para posteriormente implementar el diseño. Finalmente se testea el *software* creado y se envía.

- **Desarrollo iterativo:** se centra en capturar los requisitos referentes a la gestión de los riesgos. En el desarrollo iterativo, el proyecto se divide en tareas, donde cada tarea debe alcanzar unas determinadas metas.
- **Desarrollo incremental:** su objetivo es reducir el tiempo de desarrollo, dividiendo el proyecto en intervalos incrementales. Todos los requisitos son analizados antes de comenzar el desarrollo, sin embargo, estos requisitos se dividen en "incrementos" independientemente funcionales.
- **Modelo en espiral:** es una combinación del desarrollo secuencial y el iterativo, que incluye además el análisis de alternativas, identificación y reducción de riesgos.

En tiempos recientes, han surgido las llamadas metodologías **ágiles,** como alternativa a las metodologías tradicionales. Estas metodologías se basan en un desarrollo iterativo e incremental, donde los requerimientos y soluciones van evolucionando mediante la colaboración de grupos organizados. Entre los métodos ágiles se encuentran los siguientes:

- Scrum
- Agile Unified Process (AUP)
- Featuren Driven Development (FDD)
- Crystal_Clear.

3. Lenguajes para el desarrollo de contenido dinámico

Aunque una web basada en código HTML puede ser suficiente para ofrecer textos y gráficos, puede carecer de la interactividad necesaria para ofrecer medios alternativos al texto.

Añadir lenguajes de guión a las páginas web significa que estas páginas pueden actuar y reaccionar a los movimientos del usuario, sin tener que estar continuamente recargando la página desde el servidor.

A continuación, se explica en profundidad qué son los lenguajes de guión.

3.1. Lenguaje de guión. Características generales

Los lenguajes de programación de **guión, o archivos de procesamiento por lotes,** conocidos también como *scripts*, son programas simples que se suelen almacenar en un archivo de texto plano.

Los lenguajes de guión se pueden clasificar en dos tipos: del lado del cliente y del lado del servidor.

Existen muchos lenguajes de *script* (PHP, ASP, .NET, JSP, Python, etc.), que permiten crear web dinámicas, ya sean pequeñas páginas simples o potentes aplicaciones. Cada lenguaje tiene sus pros y sus contras, y como consecuencia de ello, se puede decir que no existe ninguno que sea mejor que los demás.

Lenguajes de guión del lado del cliente

Generalmente se suele utilizar JavaScript, ya que es un lenguaje de programación que el navegador es capaz de interpretar y ejecutar sobre la página web. Para ello, hay que incluirlo con la etiqueta ***<script>*** dentro del código HTML.

Logotipo JavaScript

Lenguajes de guión del lado del servidor

Los lenguajes de guión del lado del servidor son aquellos que se ejecutan en este. Algunos ejemplos serían lenguajes como PHP, ASP, JSP, .NET, etc. Mediante el uso de estos lenguajes, se pueden construir páginas dinámicas, facilitando el acceso a las base de datos.

Algunos programas de lenguajes de guión del lado del servidor

3.2. Comparativa de lenguajes de guion. Criterios para la selección de un lenguaje de guion

A continuación, se explicarán con detalle los lenguajes de guion orientados al desarrollo web. Hay que distinguir entre lenguajes del lado del cliente y del lado del servidor.

En el lado del cliente se puede utilizar JavaScript, ya que se puede escribir el código directamente en el archivo HTML, añadiendo pequeños fragmentos junto con el resto del código de la página web. De esta forma, el código queda reflejado en la propia página.

Al usar este lenguaje es posible dotar la página de unas características y comportamientos que no se pueden conseguir solamente con HTML, como abrir una nueva ventana de navegador, presentar texto móvil, etc. Es posible elaborar desde comportamientos muy simples hasta otros muy complejos.

En la programación de lenguaje de guión en el lado servidor existen más tecnologías. Entre las principales, se pueden encontrar:

- **ASP (Active Server Pages):** es un lenguaje de *script* propiedad de *Microsoft.* Suele usarse en combinación con bases de datos como *Access.* Solo funciona en servidores *Windows.*
- **JSP (Java Server Pages):** es un lenguaje que permite usar el código Java en *scripts.* Es un lenguaje potente, con una gran comunidad. Hay pocos

servidores que ofrezcan servicios para aplicaciones JSP. Normalmente se utilizan junto con base de datos MySQL.

- **PHP (Hypertext Pre-Processor):** es el lenguaje de *script* más utilizado en la web. Puede ejecutarse en la mayoría de sistemas operativos. Utiliza cualquier gestor de base de datos, pero el más utilizado el MySQL. Es idóneo para web sencillas, pero también permite crear aplicaciones complejas. Suele ser la opción más económica en cuanto a servicio de hospedaje web.

Logotipo MySQL

A la hora de utilizar una u otra tecnología, hay que tener en cuenta varios factores, la mayoría de ellos relacionados con las características del servidor que contendrá los archivos de la web. En la mayoría de los casos, los proveedores de servicios de *hosting* permiten utilizar unas determinadas tecnologías en detrimento de otras.

 Actividades

8. Enumerar los lenguajes de guión en el lado del servidor más utilizados, así como sus características.

Aplicación práctica

Al departamento de desarrollo le encargan el desarrollo de una aplicación web. En la reunión inicial, Paco sugiere llevar a cabo la aplicación en ASP, Manuel sugiere realizarla en JSP, y María en PHP. Todos están de acuerdo en utilizar la base de datos MySQL. Los tres discrepan acerca de qué tecnología usar en la parte del lado del servidor. ¿Cuál de ellos tiene razón?

SOLUCIÓN

Lo primero es saber de qué tipo de servidor se dispone, y si este permite PHP, JSP y ASP. En este caso ASP solamente funcionaría en servidores con Windows y con la base de datos *Access,* así que Paco queda descartado.

La opción restante es usar JSP y PHP, ya que ambos permiten utilizar bases de datos MySQL. PHP es el lenguaje más utilizado en la web y puede ejecutarse en la mayoría de sistemas operativos, mientras que hay menos servidores que soporten JSP.

3.3. Máquinas virtuales en navegadores. Miniaplicaciones *(Applets)*

Si bien hubo un tiempo en que se popularizó mucho el uso tanto de *applets* como de *flash* en las páginas web, a día de hoy ya están en desuso y solamente son soportados por navegadores antiguos, por lo que solamente se va ver en qué consisten.

Un *applet* es un componente de una aplicación que utiliza otro programa para poder ejecutarse dicho *applet* se ejecuta en el navegador mediante los denominados *plugins,* ya que estos ofrecen una especie de **contenedor** donde estos pueden ejecutarse.

En diciembre de 2020 terminó el soporte de *Adobe Flash Player* así que ya se puede considerar como tecnología obsoleta. *Flash Player* llevaba años siendo parte de los navegadores y en él se podía reproducir cualquier tipo de contenido multimedia y que tiene como sucesor al **HTML5.**

3.4. Otros lenguajes para el desarrollo de aplicaciones web enriquecidas (RIA)

Hace unos años las aplicaciones de internet enriquecidas (RIA) eran aplicaciones web con la capacidad de respuesta, las funciones, y la funcionalidad de las aplicaciones de escritorio. Estas aplicaciones utilizaban el navegador web para poder ejecutarse ya fuese mediante el uso de una máquina virtual en el propio navegador o a través de distintos complementos. Se usaban tecnologías como *Adobe Flash, Microsoft Silverlight, JavaFx, Adobe Air* o *Adobe Flex* entre otros.

Las RIA quedaron obsoletas debido a que dependía de otras tecnologías específicas, problemas de compatibilidades, preocupaciones en cuanto a la seguridad y a la evolución de los estándares web. Actualmente, el enfoque en cuanto al desarrollo web se centra en tecnologías web estándar, accesibles y compatibles no solo con una amplia gama de dispositivos sino también de navegadores web.

Todas las tecnologías basadas en RIA poco a poco han ido migrando hacia HTML 5, ya que introdujo numerosas características y mejoras que permiten crear aplicaciones web interactivas y multimedia sin la necesidad de usar *plugins* o complementos externos.

HTML 5 en el sentido estricto de la definición de HTML 5 se puede decir que es la quinta revisión del lenguaje de marcado de hipertexto (HTML). Es considerado como un estándar desarrollado por W3C *(Consorcio World Wide Web)* que introduce mejoras bastante significativas en comparación con sus versiones predecesoras, permitiendo el soporte nativo para contenido multimedia, gráficos vectoriales, animaciones y aplicaciones web interactivas.

HTML5 fue diseñado para que fuese una tecnología independiente de la plataforma y compatible con diversos dispositivos y navegadores web modernos. Ofreciendo también capacidades para crear aplicaciones web *offline* y sincronización de datos, lo que permite a los usuarios acceder al contenido incluso cuando no están conectados a internet.

Logo HTML 5

4. Resumen

Se denomina metodología de programación al método riguroso y sistemático que utiliza aquella metodología necesaria para resolver los problemas mediante programas.

Un dato es un conjunto de posiciones en memoria, asociado a un nombre y un identificador. Los datos que maneja un programa pueden ser constantes y variables.

Constantes son objetos cuyo valor permanece invariable a lo largo de la ejecución de un programa, mientras que las variables pueden cambiar su valor en cualquier parte de la ejecución del programa.

Los datos se pueden clasificar en dos grandes tipos: simples (numérico, carácter, lógico) y compuestos (matriz, registro, ficheros).

El control de flujo puede ser ascendente, descendente, o se pueden ejecutar un conjunto de instrucciones una determinada cantidad de veces, mediante bucles que modifiquen algunos valores. Hasta que el valor no cumpla una condición, no se dejarán de ejecutar dichas instrucciones.

Si se divide un algoritmo en unidades de menor tamaño, en donde cada fragmento realiza una tarea específica y única, se está realizando una programación modular.

El tipo de parámetro es el conjunto de valores que puede tomar una variable. Es el conjunto de transformaciones y funciones internas y externas definidas sobre el conjunto de datos. Existen dos tipos de datos: simples, como los numéricos y alfanuméricos, y estructuras de datos, que pueden ser internas o externas.

La Programación Orientada a Objetos, o POO, requiere pensar de una forma distinta sobre cómo construir una aplicación. Los objetos permiten modelar en código las tareas reales, los procesos y las ideas controladas por la aplicación. En lugar de pensar en la aplicación como un subproceso de control que pasa fragmentos de datos de una función a otra, una solución POO permite modelar la aplicación como un conjunto de objetos en colaboración, que controlan de forma independiente determinadas actividades.

Los lenguajes de programación de guión constan de un archivo de órdenes o archivo de procesamiento por lotes, conocidos como *script*. Un *script* es un programa simple, que por lo regular se almacena en un archivo de texto plano.

Las aplicaciones RIA quedaron obsoletas debido a varios factores como fueron la dependencia de *plugins* o complementos externos, problemas de seguridad y accesibilidad entre otros migrando estas tecnologías hacia el uso de HTML 5

HTML5 es una especificación técnica la cual define un conjunto de estándares y características avanzadas para la creación y presentación de contenido web, brindando a los desarrolladores de más herramientas y posibilidades para ofrecer experiencias interactivas y enriquecidas a los usuarios.

Ejercicios de repaso y autoevaluación

1. **Complete las siguientes oraciones:**

La descripción de un algoritmo mediante un lenguaje que entienda el ordenador, junto con la correcta representación en memoria de la información que maneja, se denomina _____.

Un _____ es un conjunto de celdas o posiciones de memoria, que tiene asociado un nombre (identificador), y un valor (contenido).

2. **Relacione los siguientes elementos:**

a. Objeto de datos cuyo valor puede cambiar durante la ejecución de un programa.
b. Son números completos, sin ser fraccionarios o decimales, y pueden ser tanto positivos como negativos.
c. Siempre tienen punto decimal, y pueden ser tanto positivos como negativos.
d. Conjunto finito de caracteres.

__ Tipo de dato numérico real.
__ Variable.
__ Tipo de dato numérico entero.
__ Tipo de dato carácter.

3. **¿Qué es una cadena?**

_____
_____

4. **El control de flujo...**

a. ... se refiere al orden en el que se ejecutan las instrucciones del código del programa y este puede ser lineal.
b. ... se refiere al orden en el que se ejecutan las instrucciones del código del programa y este puede ser no lineal.

c. Se refiere al orden en el que se ejecutan las instrucciones del código del programa y este puede ser lineal o no lineal.

d. Todas las opciones son correctas.

5. ¿Qué es un bucle?

_____

_____

_____

_____

6. De las siguientes oraciones, ¿cuál es verdadera y cuál es falsa?

a. Una función es una operación que toma uno o más argumentos y produce un valor resultado.

☐ Verdadero
☐ Falso

b. Un procedimiento solamente puede devolver un único valor.

☐ Verdadero
☐ Falso

c. Las funciones realizan ciertos cálculos y devuelven un valor.

☐ Verdadero
☐ Falso

7. ¿Qué es la recursividad?

_____

_____

8. Relacione los siguientes elementos:

    a. Mecanismo que agrupa el código y los datos que los maneja y los mantiene protegidos frente a cualquier interferencia o mal uso.

    b. Los objetos con los mismos atributos y mismos mensajes se agrupan.

    c. Se corresponde con una entidad del mundo real. Contiene atributos y tiene una parte visible y otra oculta.

    d. Un mismo mensaje puede ser valido para más de una clase.

    __ Objeto.
    __ Encapsulación.
    __ Clase.
    __ Polimorfismo.

9. ¿Qué es un objeto en POO?

_____

_____

_____

_____

_____

_____

_____

10. Complete la siguiente oración:

Una metodología es la colección de _____, técnicas, herramientas y _____ auxiliares, que ayudan a los desarrolladores de *software* en sus esfuerzos por implementar nuevos sistemas de información. Una metodología está formada por _____, que guiarán a los desarrolladores de sistemas a elegir las _____ más apropiadas en cada momento del proyecto, y también a _____, gestionarlo y evaluarlo.

11. Los lenguajes de guión se pueden clasificar en:

    a. Lado cliente.
    b. Navegador Web.
    c. *Script.*
    d. Lado cliente y lado del servidor.

12. ¿Qué lenguaje de guión se suele usar más en el lado cliente?

_____

_____

_____

_____

13. De las siguientes oraciones, ¿cuál es verdadera y cuál es falsa?

    a. ASP es un lenguaje de script propiedad de Microsoft, que solo funciona en servidores Windows.

        ☐ Verdadero
        ☐ Falso

    b. PHP es el lenguaje script menos utilizado en la web.

        ☐ Verdadero
        ☐ Falso

    c. JSP permite usar código Java en los scripts.

        ☐ Verdadero
        ☐ Falso

14. Relacione los siguientes elementos:

    a. Se utiliza para hacer web sencillas, pero también es posible crear aplicaciones complejas. Puede ejecutarse en la mayoría de sistemas operativos.
    b. Es un lenguaje potente con una gran comunidad. Hay pocos servidores que ofrezcan este servicio.
    c. Solo funciona en servidores Windows.

    __ ASP
    __ PHP
    __ JSP

15. Defina qué es HTML5.

_____

_____

Capítulo 4

Lenguajes de guion de uso general

Contenido

1. Introducción

Los lenguajes de guión, o *scripts,* son lenguajes de programación que tienen una característica que comparten, y es que se ejecutan mediante un intérprete del lenguaje en tiempo real.

Un *script,* o lenguaje de guión en el lado del cliente, es un programa que puede acompañar a un documento HTML mediante un fichero externo, o estar incluido en el propio HTML. Este *script* se ejecuta en la máquina del cliente cuando carga el documento web, aunque también es posible que se ejecute en cualquier otro instante, como cuando se posiciona el ratón encima de una imagen.

2. Integración de lenguajes de guión en navegadores web

A continuación, se muestran las características de los lenguajes de guión más utilizados en los navegadores web.

2.1. Comparativa y compatibilidad con navegadores

Al desarrollar una web, el hecho de intentar que esta sea compatible con todos los navegadores, es decir, que se vea de una forma similar en todos ellos, resulta bastante complejo. El problema estriba en que no todos los navegadores interpretan el código HTML y CSS de la misma forma, ya que entre ellos existen pequeñas variaciones, y como consecuencia el resultado no es el mismo de un navegador a otro. Mediante el uso de los lenguajes de guión, se puede minimizar hasta cierto punto estas incompatibilidades.

JavaScript

El lenguaje principal utilizado para el código por parte del cliente es JavaScript. Aunque hay otras opciones disponibles, JavaScript es el lenguaje elegido con mayor asiduidad, y posee una mayor compatibilidad en los equipos de los clientes.

Cuando se utilizan páginas web JavaScript, existen dos áreas principales para su utilización: la de **interactividad** y la de **validación de formularios.**

La interactividad permite al usuario obtener una retroalimentación dinámica de las acciones de una página, por ejemplo, permite hacer que una imagen cambie cuando el puntero del ratón pase sobre ella. También se puede usar para redimensionar dinámicamente una página o contenido en movimiento.

La validación de formularios puede entenderse como una cortesía. Los diseñadores que confían exclusivamente en las secuencias de comandos por parte del servidor para la validación, pueden provocar una ralentización en las transacciones. Cuando los usuarios envían formularios, tienen que esperar a que el formulario se verifique y que los datos se procesen. Añadir la carga de trabajo total de la validación al servidor ralentizará las cosas todavía más. El usuario esperará la obtención de un resultado, solo para averiguar que el formulario no se completó correctamente. Si se utiliza la validación de formularios por parte del cliente, el usuario obtendrá una retroalimentación casi instantánea.

 Sabía que...

JavaScript no es un estándar definido por el W3C. En su lugar, ha sido estandarizado por la Asociación Europea de Fabricantes de Computadores (ECMA) y se conoce oficialmente por ECMAScript.

La posibilidad de cambiar una página web dinámicamente con un lenguaje de *script,* es posible gracias al *Document Object Model* (DOM), que hace que cualquier elemento de una página pueda procesarse con JavaScript. Esta poderosa capacidad permite cambiar no solamente cualquier atributo definido para un elemento, sino que también permite modificar cualquier propiedad controlada desde CSS.

JavaScript es un lenguaje orientado a objetos, y permite ejecutar instrucciones como respuesta a las acciones del usuario, pudiendo realizar páginas web con alto contenido interactivo. Dispone de funciones y estructuras de datos complejas, pero a pesar de ser un lenguaje orientado a objetos, no permite dos de las principales características de estos, que son la **herencia** y el **polimorfismo.**

Las **ventajas** de JavaScript son las siguientes:

- Está soportado por los principales navegadores, incluidos *Opera, Safari, Internet Explorer, Firefox* y *Chrome.*
- Es posible modificar el contenido de una página web, incluso después de que esta esté cargada, sin tener que recargarla.
- Los ficheros que contienen estos códigos son bastante pequeños, y se procesan mucho más rápido que las alternativas como *Flash* o Java.
- No es necesario el uso de ningún *plugin* para que funcione. Un navegador web por defecto soporta HTML, CSS, JavaScript y DOM (todos los navegadores modernos lo hacen).
- Se puede añadir aún más interacción con Ajax. Más adelante, a lo largo de este capítulo, se explicarán las características de Ajax de forma más detenida.

Las **desventajas** de JavaScript son las siguientes:

- Puede presentar incompatibilidades con el navegador y el sistema operativo. La implementación de CSS, JavaScript y DOM, puede variar ligeramente dependiendo del navegador, y en ocasiones entre las mismas versiones de un navegador que funcione sobre sistemas operativos distintos.
- Es muy estricto en cuanto a su sintaxis. Aunque la mayoría de los navegadores muestran una página, incluso si el listado HTML no es perfecto, la página entera fallará si se ha olvidado cerrar unas llaves en una función JavaScript, o se ha olvidado un punto y coma en la lista de definiciones del CSS.

 **Sabía que...**

Un problema importante es que todo el código JavaScript que se desarrolle puede ser leído
por cualquiera, a no ser que se intente ocultar de algún modo.

Flash

Flash fue una tecnología desarrollada por Adobe, la cual permitía agregar animaciones, efectos multimedia y aplicaciones interactivas en las páginas web. Durante muchos años fue el rey indiscutible ya que estaba ampliamente utilizado en la web, ya fuese para la reproducción de vídeos, juegos o sitios web interactivos.

Con el tiempo surgieron diversas cuestiones por las cuales *Flash* quedó obsoleto. Algunas de ellas fueron las siguientes:

- **Problemas de seguridad.** Flash tenía numerosas vulnerabilidades en cuanto a seguridad y que podrían ser aprovechadas por personas malintencionadas para llevar a cabo ataques maliciosos.
- **Dependía de plugins externos.** Para poder visualizar el contenido *Flash,* los usuarios debían de instalarse un *plugin* en el navegador web. Esto provocaba problemas de compatibilidad y rendimiento.
- **Incompatibilidad con dispositivos móviles,** con el auge del uso de smartphones, la tecnología *flash* no era compatible con la gran mayoría de estos dispositivos, esto limitaba su alcance, ya que el uso de los dispositivos móviles estaba en constante crecimiento.
- **Evolución de los estándares web.** HTML 5 junto con CSS3 y JavaScript comenzó a proporcionar capacidades similares a *Flash* pero de manera nativa en los navegadores, de esta forma se podía crear contenido interactivo y multimedia sin necesidad de *plugins* externos.

HTML5

HTML5 como se ha comentado en apartados anteriores, se convirtió en el estándar del marcado de hipertexto, revolucionando la forma de interactuar con la web. Ha permitido a los desarrolladores crear contenidos más interactivos y accesibles gracias a su amplia gama de características y elementos.

Desde la reproducción nativa de audio y vídeo hasta la creación de gráficos y animaciones. Además ofrece capacidades avanzadas para almacenar datos localmente, la comunicación en tiempo real y la creación de aplicaciones web interactivas. Su compatibilidad con múltiples navegadores y dispositivos ha hecho que se convierta en un estándar imprescindible para aquellos que desean crear un contenido web moderno y de vanguardia.

Las **ventajas** de usar HTML5 son las siguientes:

- Es compatible con la mayoría de navegadores modernos, de esta forma HTML5 se puede ver en una amplia gama de dispositivos y plataformas.
- Ofrece una mayor funcionalidad, gracias a las nuevas etiquetas y elementos que permiten una estructuración más precisa del contenido.
- Proporciona etiquetas de audio y vídeo nativas, eliminando de esta forma la necesidad de instalar complementos o *plugins* externos.
- HTML5 incluye mejoras que optimizan el rendimiento de las aplicaciones web creadas.
- Es compatible con los dispositivos móviles, ya que facilita la creación de sitios *responsives* y que se adapten a distintos tamaños de pantalla y capacidades táctiles.

Las **desventajas** de usar HTML5 son las siguientes:

- A pesar de su introducción hace varios años todavía tiene una adopción lenta y además todavía existen navegadores que no ofrecen soporte completo para todas las características de HTML5.
- Al introducir una serie de nuevas características y elementos pueden resultar un tanto complejos para principiantes.
- Una desventaja importante es el permitir que las aplicaciones web accedan a datos locales y ejecución de tareas en segundo plano, ya que

puede plantear ciertas preocupaciones en cuanto a la seguridad si no se implementa de forma correcta.

■ Dependencia de JavaScript, a pesar de que HTML5 ofrece muchas capacidades nuevas, la mayoría de sus funcionalidades avanzadas dependen del uso de JavaScript.

 Actividades

1. Enumerar las ventajas del uso de HTML5.
2. Enumerar las desventajas del uso de HTML5.

2.2. Diferencias entre versiones

A medida que se van mejorando los navegadores web, y van apareciendo nuevas versiones de HTML, surgen nuevas necesidades de programación de elementos dinámicos. De esta forma, cada nueva versión trata de mejorar y ampliar a la anterior.

3. Estructura general de un programa en un lenguaje de guión

La sintaxis de un lenguaje de programación se define como el conjunto de reglas que deben seguirse al escribir el código fuente de los programas, para considerarse correctos para ese mismo lenguaje.

Un *script* puede ejecutarse de tres formas:

■ *Scripts* **inmediatos:** se ejecutan nada más cargar la página y van dentro del **<body>.**

■ *Scripts* **diferidos:** son aquellos que se cargan con la página, pero no se ejecutan hasta que el usuario lleva a cabo una acción (pulsa un botón, una tecla, etc.). Van dentro del **<body>.**

- **_Scripts_ híbridos:** se definen tanto en el **<head>** como en el **<body>**.

Para observar lo explicado con más detalle, se va a realizar un pequeño programa que va a mostrar una línea de texto dentro de una página web. Para ello se mostrará la famosa frase _"hola mundo"._

En este ejemplo, el _script_ se incluye como un bloque dentro del código de una página web. Por tanto, en primer lugar hay que crear una página XHTML

```
ejemplo.html                    ✕

 1   <!DOCTYPE html PUBLIC "-//W3C//DTD XHTML 1.0 Transitional//EN"
 2        "http://www.w3.org/TR/xhtml1/DTD/xhtml1-transitional.dtd">
 3   <html xmlns="http://www.w3.org/1999/xhtml">
 4   <head>
 5   <meta http-equiv="Content-Type" content="text/html; charset=iso-8859-1" />
 6   <title>El primer script</title>
 7
 8   <script type="text/javascript">
 9     document.writeln(
10       "<h1>Hola Mundo</h1>");
11   </script>
12   </head>
13
14   <body>
15       <p>Esta página contiene el primer script</p>
16   </body>
17   </html>
```

Código programa "hola mundo"

correcta, que incluya la declaración del **DOCTYPE,** el atributo _xmlns,_ las secciones **<head>** y **<body>,** etc.

El código _script_ puede incluirse en cualquier parte de la página. Se recomienda incluirlo en la cabecera del documento, dentro de la etiqueta **<head>**.

A continuación, el código JavaScript se debe incluir entre las etiquetas **<script>.....</script>**. Además, es necesario incluir el atributo _type_ de la etiqueta **<script>**. Este atributo es un estándar para identificar los diferentes contenidos, denominados **tipos MIME.** El tipo MIME correcto para JavaScript es _text/JavaScript._

Actividades

3. Citar las tres formas en las que se puede ejecutar un *script*.

Una vez definida la zona en la que se incluirá el *script,* se escriben todas las sentencias necesarias que forman la aplicación. En este caso se ha incluido una única sentencia:

```
document.writeln("<h1>Hola Mundo</h1>");
```

La instrucción *"document.writeln"* permite a JavaScript mostrar el texto en el documento web. Al ejecutar el código en cualquier navegador, debe aparecer una ventana con el mensaje *"Hola Mundo".*

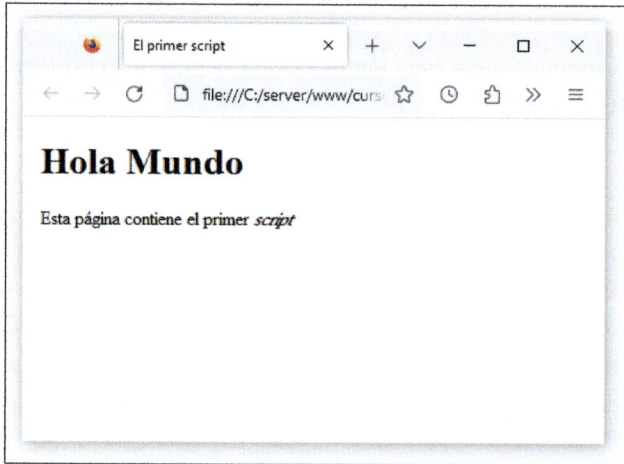

 Aplicación práctica

Se recibe el código de "Hola mundo" para que se cambie la frase por "soy el primer *Script*". ¿Qué cambios hay que realizar en el *script* para cambiar de frase?

SOLUCIÓN

Se debe que copiar el código del ejemplo "Hola Mundo". Una vez copiado, en la línea 10, se modifica el "Hola Mundo" y se cambia por "Soy el primer *Script*". Se procede a guardar todo y a comprobar su correcta ejecución abriendo el fichero con el navegador.

3.1. Mostrar texto en un cuadro de diálogo de advertencia

En ocasiones, puede resultar útil mostrar información en distintas ventanas, denominadas **cuadro de diálogo.** Se trata de unas ventanas emergentes, que captan la atención del usuario.

JavaScript permite mostrar un cuadro de diálogo con un mensaje. Para ello, se va a cambiar el ejemplo anterior para que aparezca *"Hola Mundo"* en un cuadro de diálogo de advertencia.

```
cuadro_dialogo.html      ✕
1    <?xml version = "1.0" encoding = "utf-8"?>
2    <!DOCTYPE html PUBLIC "-//W3C//DTD XHTML 1.0 Strict//EN"
3        "http://www.w3.org/TR/xhtml1/DTD/xhtml1-strict.dtd">
4    <html xmlns = "http://www.w3.org/1999/xhtml">
5        <head>Multiples lineas en cuadro de diálogo</title>
6            <script type = "text/javascript">
7                <!--
8                window.alert( "Hola\nMundo!" );
9                // -->
10            </script>
11        </head>
12        <body>
13            <p>Recargar la página para volver a ejecutar el script</p>
14        </body>
15    </html>
```

Código "Hola Mundo" en un cuadro de diálogo de advertencia

Al ejecutar el código en el navegador, debe aparecer el mensaje emergente.

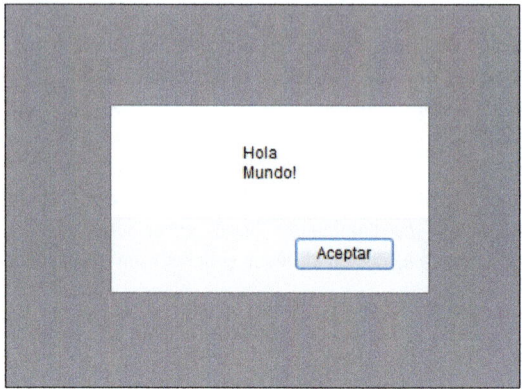

Resultado al ejecutar "Hola Mundo". Cuadro dialogo de advertencia.

En la línea 8 se utiliza el objeto *window* del navegador, para mostrar el cuadro de diálogo de advertencia. Los objetos y sus propiedades serán explicados más adelante. En el cuadro de diálogo se ha incluido un botón de **Aceptar,** para que el usuario pueda interactuar con el, y cerrar la ventana si lo pulsa.

Se han utilizado unos caracteres especiales, como el caso de \n. Este tipo de caracteres actúan como secuencias de escape, y no afectan al resultado del HTML. Algunas de las secuencias de escape más utilizadas son las siguientes:

- **\n:** nueva línea. Sitúa el cursor de pantalla en la siguiente línea.
- **\t:** tabulación horizontal. Desplaza el cursor de la pantalla hasta el siguiente tabulador.
- **\r:** retorno de carro. Sitúa el cursor de pantalla al inicio de la línea actual.
- **\\:** barra invertida. Se utiliza para presentar un carácter de barra invertida en una cadena.
- **\":** comilla doble. Se utiliza para presentar un carácter de comilla doble en una cadena incluida entre comillas dobles.
- **\':** comilla simple. Se utiliza para presentar un carácter de comilla simple en una cadena.

Actividades

4. ¿Cuáles son las secuencias de escape más utilizadas en *JavaScript*?

Obtener entradas del usuario con cuadros de diálogo prompt

Mediante el uso del código JavaScript, es posible generar gran parte del contenido de una página web en el momento en que esta se le muestra al usuario. Este contenido se puede adaptar en función de variables, como el tipo de navegador web usado por el cliente. Este tipo de páginas se denominan **dinámicas,** ya que su contenido puede variar.

Para observar su funcionamiento se va a crear una página dinámica de bienvenida, donde se va a pedir que el usuario introduzca su nombre, para posteriormente mostrarlo en el navegador. Para ello, se va a utilizar un objeto predefinido *window.prompt*, que va a permitir al usuario introducir un valor determinado.

```
prompt.html                    ✕
1   <?xml version = "1.0" encoding = "utf-8"?>
2   <!DOCTYPE html PUBLIC "-//W3C//DTD XHTML 1.0 Strict//EN"
3      "http://www.w3.org/TR/xhtml1/DTD/xhtml1-strict.dtd">
4
5   <html xmlns = "http://www.w3.org/1999/xhtml">
6      <head>
7         <title>Cuadro de diálogo Prompt</title>
8         <script type = "text/javascript">
9            <!--
10           var nombre; // string nombre usuario
11
12           // desde el prompt guarda el nombre en la variable nombre
13           nombre = window.prompt( "Introduzca su nombre" );
14
15           document.writeln( "<h1>Hola " + nombre +
16              ", Bienvenido</h1>" );
17           // -->
18        </script>
19     </head>
20     <body>
21        <p>Recargar la página para volver a ejecutar el script</p>
22     </body>
23  </html>
24
```

Código cuadro de diálogo prompt

Al ejecutar el código en el navegador, debe aparecer la siguiente imagen:

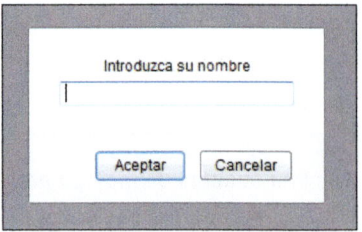

Cuadro de diálogo prompt

Si se añade el nombre María, y se presiona sobre el botón **Aceptar,** se obtendría lo siguiente:

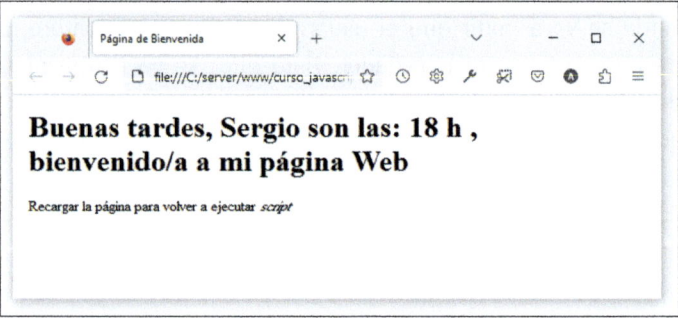

Nombre en el navegador

 Actividades

5. Utilizando el ejemplo anterior, cambiar el mensaje de bienvenida.

3.2. Variables y tipos de datos

Al contrario de lo que sucede en la mayoría de lenguajes de programación, tales como C, C++ y Java, JavaScript no requiere que las variables tengan un tipo declarado antes de poder utilizarlas en un programa. En JavaScript, una variable puede contener un valor de cualquier tipo de datos, ya que JavaScript convierte automáticamente los valores. Por este motivo, se le conoce como un lenguaje de tipo flexible.

```html
ejemplo.html          ✕    variables.html          ✕
1   <!DOCTYPE html PUBLIC "-//W3C//DTD XHTML 1.0 Transitional//EN"
2       "http://www.w3.org/TR/xhtml1/DTD/xhtml1-transitional.dtd">
3   <html xmlns="http://www.w3.org/1999/xhtml">
4   <head>
5   <meta http-equiv="Content-Type" content="text/html; charset=iso-8859-1" />
6   <title>Variables y Tipos de datos</title>
7
8 ▽ <script type="text/javascript">
9     var Variable1 = "esta es la primera variable";
10    document.write(Variable1);
11    document.write("<br>");
12    var Variable2 = 623;
13    document.write("La variable2 es = " + Variable2);
14    document.write("<br>");
15    var Variable3 = "Nuevamente texto";
16    document.write(Variable3);
17  </script>
18  </head>
19
20  <body>
21  </body>
22  </html>
```

Código JavaScript con variables

Seguramente se han observado algunas curiosidades a la hora de escribir código en JavaScript. En este ejemplo, se pueden destacar las siguientes:

- Para utilizar las variables, previamente tienen que estar declaradas. Esto significa darles un nombre, y opcionalmente un valor. Para declarar una variable se utiliza la palabra reservada *"VAR",* seguida del nombre de la variable. En caso de inicializar la variable, solamente habría que añadir un signo de (=) después de su nombre, y el valor que se quiera que tenga.
- Al iniciar una variable a un campo de texto, es necesario abrir comillas dobles ("") o las comillas simples ("). No importa cuál de las dos se utilice, pero hay que tener en cuenta que es necesario terminar con las mismas que se haya empezado.

En el ejemplo anterior, la variable *Variable2* corresponde a un tipo de dato **entero,** mientras que la *Variable1* y la *Variable3* corresponden a un tipo de dato en **cadena.** Esto quiere decir que, en una misma variable, se pueden almacenar diferentes tipos de datos. Como se ha mencionado previamente, JavaScript realiza las conversiones de forma automática. Por este motivo es necesario prestar atención, ya que en algunas ocasiones, esto mismo puede ocasionar problemas.

Sabía que...

Si se confunde el operador (+), utilizado para concatenar cadenas, con el operador (+) de suma, se pueden producir resultados inesperados. Por ejemplo, si la variable entera y tiene el valor 5, la expresión "y + 2 =" generará 52, y no 7, ya que el primer valor concatena la cadena. Para evitarlo, habría que añadir paréntesis, ya que éstos garantizan que se pueda ejecutar matemáticamente antes de la conversión de la cadena, quedando de la siguiente forma: "y + 2 = " + (y + 2).

Al ejecutar el código anterior, se obtendría el siguiente resultado en la ventana del navegador:

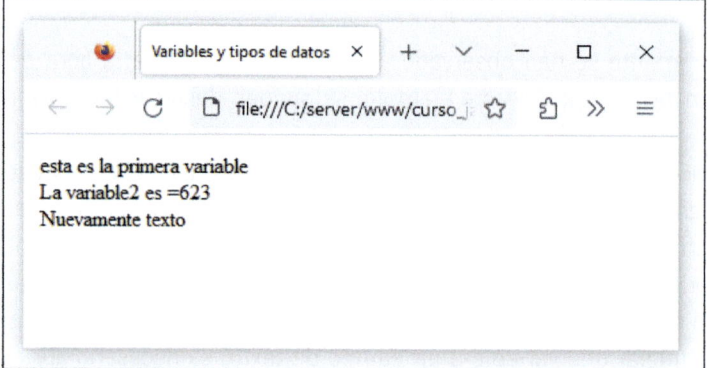

Resultado de ejecutar el código de las variables

En caso de que se quiera añadir comillas dentro de una cadena de texto, simplemente habría que alternar las comillas simples con las comillas dobles, por ejemplo:

"soy una cadena de texto 'con comillas' en medio"

 Nota

JavaScript es sensible a mayúsculas y minúsculas, por tanto todos los elementos deben referenciarse como se definieron. No es lo mismo Variable1 que variable1.

Las variables en JavaScript podrán almacenar:

- **Números:** tanto enteros (254) como de tipo real (25.3).
- *String:* series de caracteres comprendidas entre ("") o (").
- *Booleanos:* un valor lógico *(true o false)*.
- *Null:* sin ningún valor.

 Actividades

6. ¿Cómo se declara una variable en JavaScript?

3.3. Operadores

Muchas secuencias de comandos realizan cálculos aritméticos. Los operadores aritméticos utilizan distintos símbolos especiales, que se emplean en álgebra:

- Multiplicaciones (*)
- Resto (%)
- Suma (+)
- Diferencia (-)
- División (/)
- Negación (-)

Los operadores de igualdad son los siguientes:

- Igual que (==)
- Distinto a (!=)
- Mayor que (>)
- Menor que (<)
- Mayor o igual que (>=)
- Menor o igual que (<=)

 Nota

Si los operadores (==), (!=), (<=), y (>=) contienen espacios entre los símbolos, como en (= =), (! =), (< =) y (> =), se produce un error sintáctico.

Sabía que...

En ocasiones, se confunde el operador de igualdad (==) con el operador de asignación (=). El operador de igualdad debe leerse como "es igual a", mientras que el de asignación equivale a "recibe", o "recibe el valor de".

Los operadores de asignación son los siguientes:

- Asignación (=)
- Se asigna a la suma o concatenación (+=)
- Se asigna a la resta (-=)
- Se asigna a la multiplicación (*=)
- Se asigna a la división (/=)
- Se asigna al modulo (%=)

El operador de cadenas es el siguiente:

- Concatenación (+)

Orden de evaluación	Operador
1	( ) Paréntesis
2	*, /, % (Multiplicación, División, Módulo)
3	+, - (Añadir / Positivo / Concatenar, Substracción / Negativo)
4	=, <, >, <=, >=, <>, !=, !>, !< (Comparación)
5	NOT
6	AND
7	BETWEEN, IN, LIKE, OR
8	= (Asignación)

Tabla prioridad operadores

Los operadores de incremento y decremento son los siguientes:

- Preincremento (++a)
- Posincremento (a++)
- Predecremento (--bb)
- Posdecremento (bb--)

 Actividades

7. Enumerar el orden de prioridad de los distintos operadores.

3.4. Objetos

En el mundo real, se observan objetos de forma habitual; personas, animales, plantas, coches, edificios, ordenadores, etc. Todos estos objetos cuentan con una serie de **atributos** (color, forma, tamaño, peso, etc.), y muestran unos **comportamientos** determinados (un balón bota, la rueda se infla y se desinfla; un bebé llora, duerme, gatea, anda, etc.).

En el diseño orientado a objetos, se modela el *software* en términos similares a los que la gente utiliza para describir los objetos del mundo real.

Al igual que ocurre con los diseñadores de un edificio, los diseñadores de navegadores web han definido un conjunto de objetos que **encapsulan** los elementos de un documento HTML, y muestran al programador de JavaScript los atributos y comportamientos que permiten al programa interactuar con esos elementos (objetos).

Los programadores orientados a objetos se concentran en crear sus propios tipos definidos por el usuario, denominados **clases.** Cada clase contiene datos, así como el conjunto de funciones que manipulan esos datos y proporcionan servicios a los clientes. Los componentes de datos de una clase se denominan **propiedades,** y los componentes de función se denominan **métodos.** Por ejemplo, una clase *cuenta bancaria* podría incluir métodos para ingresar una cantidad *(incremento de saldo)*, para retirar dinero *(disminuir el saldo)* y para solicitar el saldo actual.

Las clases son a los objetos como los planos a una casa; una clase es un plano para construir el objeto. Al igual que se pueden construir varias casas a partir del mismo plano, se pueden crear instancias de varios objetos a partir de una misma clase.

Veamos algunos objetos de JavaScript.

El objeto math

Los métodos del objeto *math* le permiten realizar cálculos matemáticos. Para invocar el método de un objeto, hay que escribir el nombre del objeto seguido por un punto, y el nombre del método. Tras el nombre, se muestra entre paréntesis el argumento (o lista de argumentos, separados por comas) del método. Por ejemplo, para calcular y mostrar la raíz cuadrada de 600.0, se podría hacer de la siguiente forma:

```
Document.writeln(Math.sqrt(600.0));
```

Esta instrucción invoca el método *math.sqrt* para calcular la raíz cuadrada del número entre paréntesis, y muestra el resultado. En este caso el número **600.0** es el argumento del método *math.sqrt*.

Dentro del objeto *math* existen con numerosos métodos, como por ejemplo:

- Valor absoluto *abs (x)*
- Coseno trigonométrico *cos (x)*
- Método exponencial *exp (x)*
- Logaritmo natural (base e) *log (x)*
- Redondea x al número más próximo *round (x)*
- Seno trigonométrico *sin (x)*

Objeto document

El objeto *document* se utiliza para manipular el documento actualmente visible en la ventana del navegador. Tiene multitud de propiedades y métodos, como el que se ha visto anteriormente, *document.writeln*. Algunos métodos y propiedades de este objeto son los siguientes:

- Devuelve el nodo DOM, que representa el elemento HTML, cuyo atributo *id* coincide con *id. GetElementById (id)*.
- Escribe *cadena* en el documento HTML como código HTML, y añade un carácter de nueva línea al final. *Writeln (cadena)*.
- Crea una cadena que contiene los valores de todas las cookies almacenadas en el ordenador del usuario para el documento actual. *Cookie.*

 Nota

Gracias al objeto *document,* se puede añadir dinámicamente contenido a la página, o hacer cambios sobre la misma, según convenga.

Objeto window

El objeto *window* proporciona métodos para manipular ventanas del navegador. Suele usarse para crear un sitio web que se divide en varias ventanas. Contiene multitud de métodos y propiedades, por ejemplo:

- Crea una nueva ventana con el URL de la misma. *Open (url, nombre, opciones)*.
- Cierra la ventana actual y elimina su objeto en memoria. *Close ( )*.
- Propiedad que contiene el objeto *window* de la ventana que ha abierto la ventana actual, siempre que exista dicha ventana. *Window.opener.*
- Propiedad que contiene un valor *booleano* que se establece como *true* si la ventana está cerrada o como *false* en caso contrario. *Window.closed.*

■ Este método dirige el enfoque a la ventana (en caso de haber varias ventanas abiertas, la coloca sobre el resto de las demás ventanas del navegador). *Focus ( )*.

 Actividades

8. ¿Para qué se usa el objeto *document*? Citar sus propiedades.

3.5. Sentencias. Anidamiento

En JavaScript se pueden anidar diferentes sentencias de control, por ejemplo, estructuras condicionales o repetitivas.

Una estructura condicional es anidada cuando en una de sus ramas, ya sea por el lado verdadero o falso, existe a su vez otra estructura condicional.

3.6. Estructuras de control y condicionales

JavaScript dispone de tres instrucciones de selección: en primer lugar, la instrucción *if,* que realiza una acción si una condición es cierta, y la ignora si es falsa; en segundo lugar, la instrucción de selección *if...else,* que realiza una acción si la condición es cierta, y otra acción diferente si la condición es falsa; y en tercer lugar, la instrucción de selección *Switch,* que realiza una de entre varias acciones, en función del valor de una expresión.

Instrucción de selección if

Una instrucción de selección se utiliza para seleccionar entre varias acciones alternativas en un programa. Por ejemplo, si la nota de aprobado de un examen es de 60 puntos sobre 100, la instrucción de JavaScript quedaría de la siguiente forma:

```
If ( notaAlumno >= 60 )

    document.writeln ("Aprobado")
```

En este caso, se determina si la condición *notaAlumno es mayor o igual a 60,* es verdadera o falsa. Si la condición es verdadera, se muestra el texto *"Aprobado",* y se ejecuta la siguiente instrucción. En caso de ser falsa, no se muestra nada por pantalla, y se continúa con la siguiente instrucción.

 Nota

En algunos ejemplos anteriores se ha observado que hay líneas de código en la que la instrucción aparece sangrada. El intérprete de JavaScript ignora los caracteres con espacio en blanco utilizados en los sangrados y espaciado vertical.

Instrucción de selección if...else

La instrucción de selección *if...else* realiza una acción indicada solamente cuando la condición es verdadera; en caso contrario la acción se ignora. Esta instrucción permite especificar qué acción se realiza cuando la primera condición es falsa. Siguiendo con el ejemplo anterior:

```
If (notaAlumno >= 60) {

    document.writeln ("Aprobado");

}else{

    document,writeln ("Suspenso");

}
```

En una primera instancia, se evalúa la condición *si notaAlumno >= 60*. Si la condición es verdadera, se muestra en pantalla *"Aprobado"*. Sin embargo, si la condición es falsa, se muestra en pantalla *"Suspenso"*.

JavaScript cuenta con el operador condicional (?:), directamente relacionado con la instrucción *if...else*. Es el único operador ternario de JavaScript que acepta tres operandos, que junto con el operador, forman una expresión condicional, de tal forma que el ejemplo anterior podría quedar de la siguiente forma:

```
document.writeln (notaAlumno >= 60 ? "Aprobado": "Suspenso");
```

El primer operando es una expresión *booleana*; el segundo es el valor de la expresión condicional evaluada como *true,* y el tercero es el valor de la expresión condicional si se evalúa como *false*.

Las instrucciones *if...else* anidadas prueban varios casos, incluyendo instrucciones *if...else* dentro de otras instrucciones *if...else.* Por ejemplo, y siguiendo el caso anterior, se va a proceder a ampliar el ejemplo. Para ello, el programa deberá imprimir *"Sobresaliente"* para las notas mayores o iguales que 90; *"Notable"* para las notas comprendidas entre 80 y 89; *"Bien"* para las notas entre 70 y 79; *"Suficiente"* para las comprendidas entre 60 y 69 y *"Suspenso"* para el resto de notas.

```
if (notaAlumno >= 90)

    document.writeln ("Sobresaliente");

else

    if (notaAlumno >= 80 )

      document.writeln ("Notable");

    else
```

Continúa en página siguiente >>

<< Viene de página anterior

```
if (notaAlumno >= 70)

document.writeln ("Bien");

  else

    if (notaAlumno >= 60)

    document.writeln ("Suficiente");

      else

    document.writeln ("Suspenso");
```

Si *notaAlumno es mayor o igual a 90,* las cuatro condiciones serán *true,* pero solamente se ejecutará la instrucción *document.writeln,* que aparece después de la primera prueba. Tras ello, se ignora la parte del *else* de la instrucción *if...else.*

La mayoría de programadores de JavaScript prefieren escribir la instrucción *if* de la siguiente forma:

```
if (notaAlumno >= 90)

  document.writeln ("Sobresaliente");

else if (notaAlumno >= 80)

  document.writeln ("Notable");

else if (notaAlumno >= 70)

  document.writeln ("Bien");

else if (notaAlumno >= 60)

  document.writeln ("Suficiente");

else

  document.writeln ("Suspenso");
```

Ambas formas son equivalentes, aunque esta última es muy habitual, ya que evita un sangrado excesivo del código hacia la derecha, haciendo que la legibilidad del programa sea más efectiva.

 Actividades

9. Realizar las dos formas de las instrucciones if...else del ejemplo anterior.

Conviene destacar que JavaScript siempre asocia una sentencia *else* con el *if* anterior, a menos que se le indique lo contrario por medio de llaves. Por ejemplo:

```
if (notaAlumno >= 90){
    document.writeln ("Sobresaliente");
    document.writeln ("Muy buena nota");
}else{
    document.writeln ("Puedes sacar mejor nota");
    document.writeln ("Suerte");
}
```

En este ejemplo, se incluye un bloque de código tanto para el *if* como para la sentencia *else*. En caso de que la sentencia del *if* sea verdadera, se ejecutarían ambas instrucciones, y en caso de ser falsa, se ejecutarían las dos instrucciones del *else*.

Sabía que...

Si se olvida una de las llaves que delimitan un bloque, o ambas, se pueden producir errores sintácticos o lógicos. Algunos programadores prefieren usar las llaves de bloques antes de escribir las instrucciones dentro de las llaves. De este modo, no se olvidan de incluir una o las dos llaves.

Aplicación práctica

Un cliente pide que se realice una aplicación para que, al acceder a la página web, se pida el nombre del usuario y se le salude. El saludo variará en función de la hora. Si es antes de las 12 h, será "Buenos días", después de las 12 h "Buenas tardes", y a partir de las 20 h, "Buenas noches". Además, se mostrará la hora del sistema al usuario.

Teniendo en cuenta que para manejar la hora se usará esta secuencia:

```
var date = new Date();
var hora = date.getHours();
```

y que en una variable denominada hora se almacenará la hora local del usuario en formato 24 h, realizar el siguiente ejercicio:

¿Qué secuencia de comandos se debe realizar para que la aplicación funcione de acuerdo a lo que ha pedido el cliente?

Continúa en página siguiente >>

<< Viene de página anterior

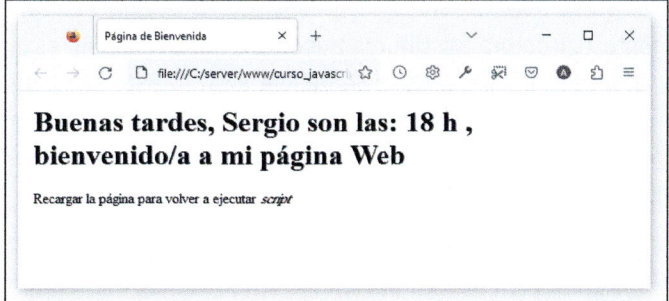

Ejecución programa práctica

SOLUCIÓN

```
   Bienvenida-hora.html    x
1   <?xml version = "1.0" encoding = "utf-8"?>
2   <!DOCTYPE html PUBLIC "-//W3C//DTD XHTML 1.0 Strict//EN"
3       "http://www.w3.org/TR/xhtml1/DTD/xhtml1-strict.dtd">
4
5   <html xmlns = "http://www.w3.org/1999/xhtml">
6       <head>
7           <title>Página de Bienvenida</title>
8           <script type = "text/javascript">
9               <!--
10              var nombre; // string nombre de usuario
11              var fecha = new Date(); // fecha y hora actual
12              var hora = fecha.getHours(); // hora actual formato 24h (0-23)
13
14              // desde el prompt guarda el nombre en la variable nombre
15              nombre = window.prompt( "Introduzca su nombre" );
16
17              // determinar si es por la mañana
18              if ( hora < 12 )
19                  document.write( "<h1>Buenos dias, " );
20
21              // por la tarde
22              if ( hora >= 12 )
23                  document.write( "<h1>Buenas tardes, " );
24
25              // por la noche
26              if ( hora >= 20 )
27                  document.write( "<h1>Buenas noches, " );
28
29
30              document.writeln( nombre + " son las: " + hora + " h" +
31                  ", bienvenido/a a mi p&aacute;gina Web</h1>" );
32              // -->
33          </script>
34      </head>
35      <body>
36          <p>Recargar la página para volver a ejecutar el script</p>
37      </body>
38  </html>
```

Código script práctica

Switch

La siguiente estructura se bifurca según los distintos valores que pueda tomar una variable específica. Es la sentencia *switch.* Esta sentencia ayuda a la toma de decisiones en función de los distintos estados de una variable. Se utiliza cuando existen múltiples posibilidades como resultado de la evaluación de una sentencia.

```
switch (hora){
    case "12":
        alert ("es mediodía");
        break;
    case "18":
      alert ("es por la tarde");
      break;
    default:
        alert ("es por la noche");
}
```

La expresión se evalúa comprobando si la variable es igual a 12. En caso afirmativo, se ejecutan las instrucciones relacionadas con ese valor, y así por tantas opciones como se desee. Cada sentencia finaliza con *break,* donde se produce la finalización, y salida de la expresión.

Para aquellos casos que no estén contemplados, se ejecuta la instrucción *default,* y se finaliza la expresión.

 **Actividades**

10. Partiendo de la aplicación práctica anterior, realizar el mismo procedimiento, pero utilizando la sentencia *switch.*

3.7. Bucles

Una instrucción de repetición, o bucle, permite especificar que una secuencia de comandos repita una acción mientras una condición sea cierta. Existen dos tipos de estructuras de repetición: aquellas instrucciones que se pueden repetir un número determinado de veces, o ignorando dicho número, repetir esas instrucciones mientras se cumpla cierta condición.

En cuanto a las instrucciones de repetición, JavaScript cuenta con cuatro tipos: *while, do.... while, for y for... i.*

Instrucción while

Como ejemplo de la instrucción *while,* se muestra un fragmento de programa diseñado para buscar la primera potencia de 3 mayor que 1000. La variable *resultado* comienza con el valor 3.

```
var resultado = 3;
while (resultado <= 1000)
    resultado = 3 * resultado;
```

Cuando la secuencia de comandos llega a la instrucción *while,* la variable *resultado* es *3.* La instrucción va multiplicando repetidamente por 3 esta variable, de modo que adquiere progresivamente los valores, 9, 27, 81, 243,

729 y 2187. Al llegar a este último, la condición ya no se cumple, *(resultado<=1000),* dando lugar al fin de la repetición. De esta forma, se asigna 2187 como resultado final a la variable *resultado.*

 Actividades

11. Partiendo del ejemplo anterior, ¿cuál sería la primera potencia de 2 mayor que 1000?
12. ¿Y la primera potencia de 3 mayor que 10.000?

En el siguiente ejemplo se va a utilizar la instrucción *while* para mostrar la tabla de multiplicar del número 5. Para ello, se utilizará un contador.

```
var resultadoTabla;
var contador = 1;

while (contador <= 10){
    resultadoTabla = 5 * contador;
    contador ++;
}
```

 Actividades

13. ¿Cuál sería el código *script* para realizar la tabla del 6 desde el 1 hasta el 100?

Se han creado dos variables, una donde se almacenará el resultado de la multiplicación *resultadoTabla,* y otra llamada *contador,* que se iniciará con valor 1. Este contador va a formar parte de la condición del bucle *while,* incrementando en un valor cada vez que se realice una multiplicación hasta llegar al 10, que es cuando la condición *contador <= 10* se convierte en *false.*

Aplicación práctica

En la siguiente imagen, se muestran en una ventana del navegador los 7 tamaños de fuente admitidos.

¿Qué código se debería implementar, utilizando un bucle while, para conseguir dicho resultado?

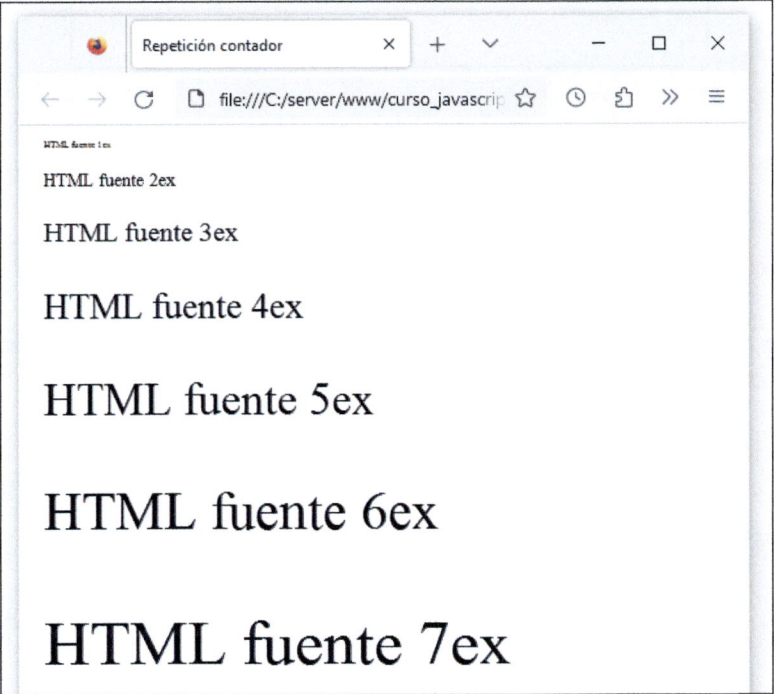

Ejecución programa práctica

Continúa en página siguiente >>

<< Viene de página anterior

SOLUCIÓN

```
contador-while.html    ✕
1   <?xml version = "1.0" encoding = "utf-8"?>
2   <!DOCTYPE html PUBLIC "-//W3C//DTD XHTML 1.0 Strict//EN"
3       "http://www.w3.org/TR/xhtml1/DTD/xhtml1-strict.dtd">
4
5   <html xmlns = "http://www.w3.org/1999/xhtml">
6       <head>
7           <title>Repetición contador</title>
8           <script type = "text/javascript">
9               <!--
10              var contador = 1; // initialization
11
12              while ( contador <= 7 ) // bucle while
13              {
14                  document.writeln( "<p style = \"font-size: " +
15                      contador + "ex\">HTML fuente " + contador +
16                      "ex</p>" );
17                  contador++; // incremento del contador
18              } //fin while
19              // -->
20          </script>
21      </head><body></body>
22  </html>
23
```

Solución script práctica

Instrucción de repetición for

La instrucción de repetición *for* se utiliza cuando se conoce el número de interacciones que se van a procesar.

El formato general de la instrucción *for* es el siguiente:

```
for (inicialización; pruebaContinuacionBucle; incremento)
```

Aquí, la expresión *inicialización* asigna un nombre a la variable de control del bucle, y proporciona un valor inicial. *PruebaContinuacionBucle* es la expresión de control de continuación, o finalización del bucle. *Incremento* es una expresión que incrementa la variable. La instrucción *for* puede representarse con una instrucción *while* equivalente.

A continuación, un ejemplo de la instrucción *for:*

```
for (contador = 1; contador <= 10; contador++)
```

En la instrucción anterior, como se puede observar, se permite declarar e inicializar el contador, asignar la condición para la finalización del bucle e incrementar el mismo, todo ello separado por ; y encerrado entre ( ). De tal forma, que se podría repetir el ejemplo de la tabla de multiplicar del bucle *while* con el bucle *for,* quedando el resultado de la siguiente manera:

```
var resultadoTabla;
for (contador = 1; contador <= 10; contador ++)
    resultadoTabla = 5 * contador;
```

 Actividades

14. ¿Cuál es el formato general de la instrucción for?

 Aplicación práctica

¿Qué modificaciones se deberían realizar para que la aplicación que muestra en la ventana del navegador los 7 tamaños de fuente admitidos funcionase con un bucle *for*?

Continúa en página siguiente >>

<< Viene de página anterior

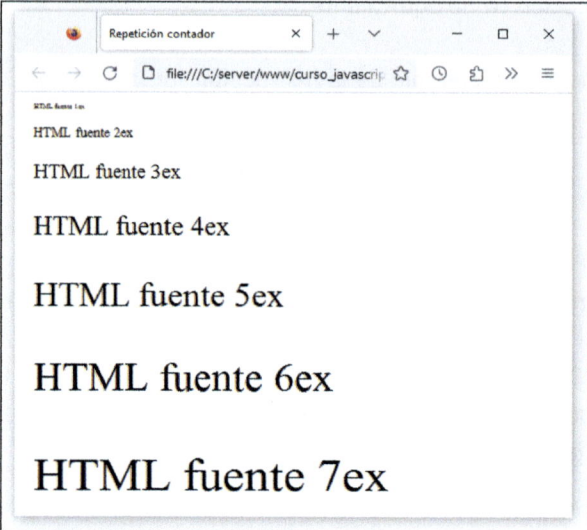

Código ejecución práctica

SOLUCIÓN

```
contador-for.html                    ×
1    <?xml version = "1.0" encoding = "utf-8"?>
2    <!DOCTYPE html PUBLIC "-//W3C//DTD XHTML 1.0 Strict//EN"
3       "http://www.w3.org/TR/xhtml1/DTD/xhtml1-strict.dtd">
4
5    <html xmlns = "http://www.w3.org/1999/xhtml">
6       <head>
7          <title>Repetición contador for</title>
8          <script type = "text/javascript">
9             <!--
10            for (contador = 1; contador <= 7; contador++) // bucle for
11            {
12               document.writeln( "<p style = \"font-size: " +
13                  contador + "ex\">HTML fuente " + contador +
14                  "ex</p>" );
15            } //fin while
16            // -->
17         </script>
18      </head><body></body>
19   </html>
20
```

Código script práctica

3.8. Comentarios

Los comentarios sirven para añadir al código aclaraciones sobre lo que se quiere hacer, o añadir por qué se usa una variable y con qué objetivo.

En JavaScript se dispone de dos tipos de comentarios: los comentarios **de una sola línea** y los comentarios **de varias líneas.** Para comentar una sola línea, se puede proceder del siguiente modo:

```
var total; //suma del total
//esta es una línea de texto
var suma;
```

En caso de necesitar comentar más de una línea, se puede utilizar /* */. Todo el texto que se encuentre dentro de estas marcas se considerará un comentario. Los comentarios no son interpretados por el navegador.

```
/* todo esto es comentario,
ya esté en una línea o
en tres líneas. Si tengo un código comentado,
tampoco será ejecutado por el navegador */
var resta;
```

Para que los navegadores más antiguos no den problemas con el uso de JavaScript, se puede encerrar todo el código dentro de los comentarios <!-- y // -->

 **Actividades**

15. ¿Para qué suelen usarse los comentarios dentro del código en JavaScript?

4. Funciones

La mayoría de los programas informáticos tienen un tamaño considerable. La experiencia demuestra que la mejor forma de desarrollar y mantener un programa de gran tamaño, consiste en construirlo a partir de pequeños fragmentos sencillos o módulos. Esta técnica se denomina **divide y vencerás.**

En JavaScript, los módulos se denominan funciones.

Para invocar a una función, hay que escribir el nombre de la misma, seguido por un paréntesis de apertura, una lista separada por comas de cero o más argumentos, y un paréntesis de cierre. Ejemplo:

```
total = suma (numero1, numero2);
```

4.1. Parámetros

Los parámetros se usan para enviar valores a las funciones, siendo estos los valores de entrada de la función.

Por ejemplo, una función que realizase la suma de dos números, tendría como parámetros esos dos números.

Usando el ejemplo anterior, en el que se ha creado un saludo de bienvenida cuando el usuario accede a la web, se procederá a modificarlo para crearlo mediante una función. Para ello, habría que incluir un parámetro que sería el nombre del usuario al cual se quiere saludar. El código quedaría de la siguiente forma:

```
function saludoBienvenida (nombre){

  document.writeln("<H1>Bienvenido/a"+ nombre + "</H1>");

}
```

Como se ha visto en el ejemplo, para definir un parámetro dentro de la función, será necesario nombrar esa variable, (que en este caso se llama nombre) y tendrá como valor el dato que se transfiera a la función cuando se la nombre. Además, la variable es local, así que podrá utilizarse durante la ejecución de la función, y dejara de existir cuando esta termine de ejecutarse.

Al llamar a una función con parámetros, se coloca entre paréntesis el valor de estos. Por ejemplo, para llamar a la función anterior, habría que escribir lo siguiente:

```
saludoBienvenida("María");
```

Si se nombra a la función de esta manera, el parámetro adquiere el valor *María* y, al escribir el saludo, en pantalla aparecerá *"Bienvenido/a María"*, entre las etiquetas **<H1>** y **</H1>.**

Los parámetros pueden recibir cualquier tipo de datos, ya sean numéricos, cadenas, *booleanos*, o un objeto. Al no especificar el tipo del parámetro pasado a la función, hay que tener un especial cuidado al definir las acciones a realizar dentro de la misma, y también al pasarle valores. De esta forma, se asegura que todo sea coherente con el tipo de datos que se espera que tengan estas variables o parámetros.

Sabía que...

Si se utiliza la palabra clave var, de JavaScript, para declarar una variable en la lista de parámetros de una función, se genera un error de tiempo de ejecución.

4.2. Variables locales y globales

En apartados anteriores, se han utilizado identificadores para los nombres de variables. Los atributos de variables son el nombre, valor, y tipo de datos (como cadenas, números o *booleanos)*. En un programa, cada identificador tiene su ámbito.

El ámbito del identificador de una variable o una función, es la parte del programa en la que se puede hacer referencia al mismo. Las variables globales, o de nivel de secuencia de comandos declaradas en el elemento *head,* se pueden acceder desde cualquier parte del programa, y tienen un ámbito global. Por ello, todas las funciones de la secuencia de comandos pueden utilizar estas variables.

Los identificadores declarados dentro de una función, tienen ámbito de función (también conocido como ámbito local), y solamente se pueden utilizar en dicha función. El ámbito de función comienza con la llave de apertura de la función en la que se ha declarado el identificador, y finaliza con la llave de cierre de la función.

Actividades

16. Razonar la diferencia entre variables globales y variables locales.

En el siguiente ejemplo, se verán las reglas de ámbito que resuelven los conflictos entre las variables locales y globales con el mismo nombre. También se muestra el evento "onload" (que se verá más adelante), que invoca a un controlador de eventos *start,* cuando se carga completamente el documento HTML en el navegador.

```
variables-locales-globales.html  ✕

1    <?xml version = "1.0" encoding = "utf-8"?>
2    <!DOCTYPE html PUBLIC "-//W3C//DTD XHTML 1.0 Strict//EN"
3       "http://www.w3.org/TR/xhtml1/DTD/xhtml1-strict.dtd">
4
5    <html xmlns = "http://www.w3.org/1999/xhtml">
6       <head>
7          <title>Variables locales y Globales</title>
8          <script type = "text/javascript">
9             <!--
10            var x = 1;      // variable global
11
12            function start()
13            {
14               var x = 5;    // variable local a la función start
15
16               document.writeln( "variable local x al comienzo es " + x );
17
18               functionA(); // functionA variable local x
19               functionB(); // functionB usa variable global x
20               functionA(); // functionA reinicializa variable local x
21               functionB(); // variable global x retiene el valor
22
23               document.writeln(
24                  "<p>variable local x despues de las funciones " + x + "</p>" );
25            } // fin function start
26
27            function functionA()
28            {
29               var x = 25;   // se inicializa
30                             // cuando se llama a la función A
31
32               document.writeln( "<p>variable local x en función A es " +
33                                 x + " despues de entrar en la función A" );
34               x++;
35               document.writeln( "<br />variable local x en la función A es " +
36                  x + " despues salir de función A" + "</p>" );
37            } // fin functionA
38
39            function functionB()
40            {
41               document.writeln( "<p>variable global x es " + x +
42                  " al entrar en la funcion B" );
43               x *= 10;
44               document.writeln( "<br />variable global x es " +
45                  x + " al salir de la funcion B"  + "</p>" );
46            } // fin functionB
47            // -->
48         </script>
49      </head>
50      <body onload = "start()"></body>
51   </html>
52
```

Ejemplo de variables globales y locales

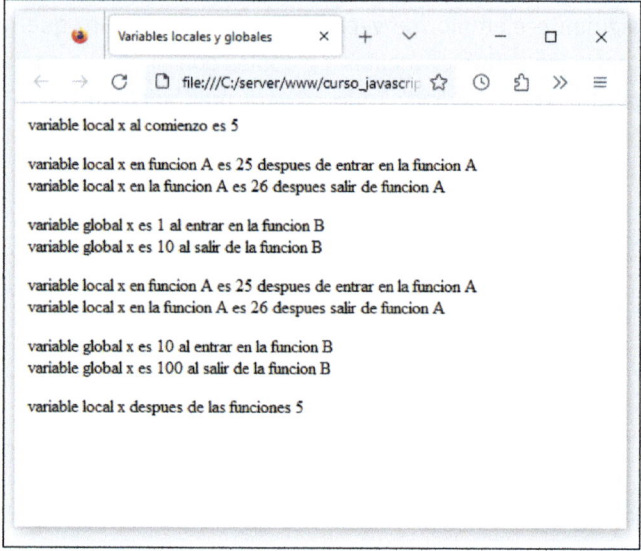

Ejecución de código de variables locales y globales

Aplicación práctica

Usando el ejemplo anterior, proceder a modificarlo, mediante el uso de una variable global nombre y una variable global contador. La variable global nombre, pedirá que el usuario introduzca su nombre mediante el uso de un cuadro de diálogo, el cual será pasado como parámetro a la función A. Se pedirá el nombre del usuario antes de cada función A, mostrándolo en negrita y, en la variable contador, se irá incrementando su valor cada vez que se ejecute una función. Al final, se mostrará el valor de esta variable en negrita, y el valor de la variable global del nombre de usuario.

Continúa en página siguiente >>

<< Viene de página anterior

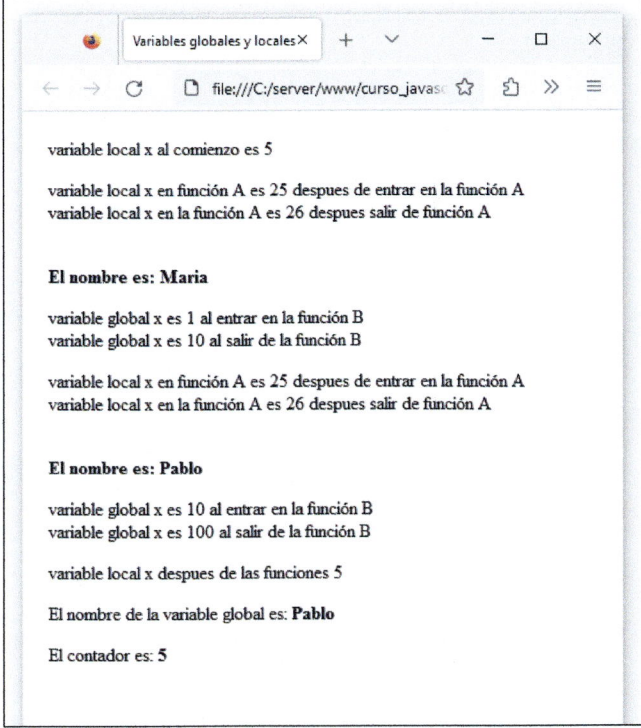

Ejecución programa práctica

SOLUCIÓN

Continúa en página siguiente >>

Desarrollo y reutilización de componentes *software* y multimedia mediante lenguajes de guion

<< Viene de página anterior

```
    variables-locales-globales.html  ✕
1   <?xml version = "1.0" encoding = "utf-8"?>
2   <!DOCTYPE html PUBLIC "-//W3C//DTD XHTML 1.0 Strict//EN"
3     "http://www.w3.org/TR/xhtml1/DTD/xhtml1-strict.dtd">
4
5   <html xmlns = "http://www.w3.org/1999/xhtml">
6     <head>
7       <title>Variables locales y Globales</title>
8       <script type = "text/javascript">
9         <!--
10        var x = 1;              // variable global
11        var contador = 1;       // variable contador
12        var nombre;             // variable nombre del usuario
13
14        function start()
15        {
16          var x = 5;    // variable local a la función start
17
18          document.writeln( "variable local x al comienzo es " + x );
19
20          //Llamamos al pompt antes de la función a
21          nombre = window.prompt( "Introduzca su nombre" );
22
23          functionA(nombre); // functionA variable local x
24          functionB(); // functionB usa variable global x
25
26          //Llamamos al pompt antes de la función a
27          nombre = window.prompt( "Introduzca su nombre" );
28          functionA(nombre); // functionA reinicializa variable local x
29          functionB(); // variable global x retiene el valor
30
31          document.writeln( "<p>variable local x despues de las funciones " + x + "
32          document.writeln( "<p> El nombre de la variable global es: <b> " + nombre
33          document.writeln( "<p> El contador es: <b>" + contador + "</b></p>");
34
35        } // fin function start
36
37        function functionA(nombre)
38        {
39          var x = 25;  // se inicializa cuando se llama a la función A
40
41          document.writeln( "<p>variable local x en función A es " +
42                        x + " despues de entrar en la función A");
43          x++; contador ++;
44          document.writeln( "<br />variable local x en la función A es " +
45            x + " despues salir de función A" + "</p>" );
46          document.writeln( "<br /><b>El nombre es: " + nombre + "</b>");
47        } // fin functionA
48
49        function functionB()
50        {
51          document.writeln( "<p>variable global x es " + x +
52            " al entrar en la función B" );
53          x *= 10; contador ++;
54          document.writeln( "<br />variable global x es " +
55            x + " al salir de la función B"  + "</p>" );
56        } // fin functionB
57        // -->
58      </script>
59    </head>
60    <body onload = "start()"></body>
61  </html>
```

Código script práctica

4.3. Bibliotecas de funciones

Estas bibliotecas son archivos que contienen funciones que son utilizadas por otros programas, muy útiles cuando se tienen varias páginas con la misma cabecera, pie de página, cuerpo, o conexión a la base de datos. Utilizando una biblioteca de funciones será mucho más fácil realizar cualquier modificación.

5. Manipulación de texto

En este apartado, se presentan las funciones de procesamiento de cadenas y caracteres de JavaScript.

Los caracteres son **los bloques de construcción básicos** de los programas JavaScript. Una cadena es una **serie de caracteres,** tales como letras, dígitos, y distintos caracteres especiales como +, -, *, &, $, etc. JavaScript admite el conjunto de caracteres **Unicode.**

5.1. Funciones básicas para la manipulación de texto

El objeto *string* encapsula los atributos y comportamientos de una cadena de caracteres, y ofrece numerosos métodos para realizar tareas, tales como seleccionar los caracteres de una cadena, combinar cadenas **(concatenación),** obtener o buscar **subcadenas** en una cadena, dividir las cadenas en palabras individuales, o convertir todas las cadenas en letras mayúsculas o minúsculas.

A continuación, se muestran algunas de las funciones más útiles para el manejo de cadenas de texto:

- **Lenght:** calcula la longitud en una cadena de texto (el número de caracteres que la forman).

```
var cadena = "Hola Mundo";

document.writeln (cadena.lenght); //mostraría 10
```

■ **Substr (inicio, longitud):** devuelve una cadena que contiene caracteres de longitud, comenzando desde el inicio del índice en la cadena original. Si no se especifica la longitud, se devuelve una cadena de caracteres comprendidos entre el inicio y el final de la cadena original.

```
var cadena = "Hola Mundo";

document.writeln (cadena.substring (5); //mostraría Mundo
document.writeln (cadena.substring (8); //mostraría do
document.writeln (cadena.substring (2): //mostraría la Mundo
```

Utilizando el inicio y el final:

```
var cadena = "Hola Mundo";

document.writeln (cadena.substring(1, 4); //mostraría ola
document.writeln (cadena.substring(5, 8); //mostraría Mun
document.writeln (cadena.substring(3, 4); //mostraría a
```

Si se le indica un inicio negativo, devuelve la cadena original:

```
var cadena = "Hola Mundo";
document.writeln (cadena.substring(-4)); //mostraría Hola Mundo
```

- **CharAt (índice):** devuelve una cadena que contiene el carácter en el índice especificado. Si no existe ningún carácter en el índice, devuelve la cadena vacía. El primer carácter se encuentra en el índice 0.

```
var cadena = "Hola Mundo";
document.writeln (cadena.charAt(3)); //mostraría a
```

- **Concat (cadena):** concatena su argumento al final de la cadena que invoca el método. Este método equivale a sumar dos cadenas con el operador de concatenación de cadenas +.

```
var cadena = "Hola Mundo";
var segundaCadena = "Qué tal";

document.writeln (cadena.concat(segundaCadena));
//mostraría hola MundoQué tal
```

- **IndexOf (subcadena, índice):** busca la primera instancia de subcadena que comienza en la posición índice, en la que la cadena invoca el mé-

todo. En caso de no proporcionar índice, el método comienza a buscar
desde el índice 0 de la cadena original.

```
var cadena = "Hola Mundo";

document.writeln (cadena.replace("la", 2)); //mostraría 2
```

- **Replace (cadena Búsqueda, cadena Sustitución):** busca la su cadena
  cadena Búsqueda, y sustituye su primera instancia por *cadenaSustitu-
  ción,* para después devolver la cadena modificada o la cadena original,
  si no se ha realizado ningún cambio.

```
bar cadena = "Hola Mundo";

document.writeln (cadena.replace("la", "no"));
  //mostraría Hono Mundo
```

- **Split (cadena):** divide la cadena original en un *array* de cadenas. La
  función parte la cadena de texto, determinando sus trozos a partir de la
  cadena separadora indicada.

```
var cadena = "Hola Mundo";

var palabras = cadena.split(" ");
//palabras = ["Hola", "Mundo"]
```

Con esta función se pueden extraer fácilmente las letras que forman una palabra.

```
var cadena = "hola";

var letras = cadena.split("");

//letras = ["h", "o", "l", "a"]
```

- **ToLowerCase ( ):** devuelve una cadena en la que todas las letras mayúsculas se convierten en minúsculas.

```
var cadena = "HoLa";

document.writeln (cadena.toLowerCase()); // mostraría hola
```

- **ToUpperCase ( ):** devuelve una cadena en la que todas las letras minúsculas se convierten en mayúsculas.

```
var cadena = "HoLa";

document.writeln (cadena.toUpperCase()); // mostraría HOLA
```

Actividades

17. Realizar un pequeño *script* que cuente el número de letras "o" que hay en la frase "hola mundo". Después, cambiar estas "o" por "W".

5.2. Introducción y validación de texto

La validación de datos es una de las áreas más importantes que hay que tener en cuenta, especialmente en los sitios web, o en sistemas online. Estas validaciones comprueban que los datos introducidos sean los correctos, pudiendo realizarse tanto en el lado del cliente como en el servidor.

La validación en el lado del cliente permite, por ejemplo, avisar al usuario que ha escrito mal una dirección de *email,* o que no ha rellenado un campo de un formulario, al igual que mostrar un aviso de que se están utilizando caracteres no válidos.

Nota

La validación de un formulario consistiría en la llamada a una función que valide el contenido del mismo, una vez que el usuario pulse sobre el botón 'enviar formulario'. En dicha función, se comprobaría si los valores que ha introducido el usuario cumplen con las restricciones propias de la aplicación.

6. Listas *(arrays)*

Los *arrays* son estructuras de datos que se encuentran formadas por elementos de datos relacionados. Un *array* es como una variable, donde se pueden introducir varios valores en lugar de uno, como ocurre con las variables normales.

Los *arrays* permiten guardar varias variables, y acceder a ellas de forma independiente. Para hacer referencia a un elemento concreto de un *array,* se especifica el nombre del *mismo,* y el número de posición del elemento en cuestión.

6.1. Creación de *arrays* básicos

Los *arrays* ocupan un espacio en memoria. En JavaScript, se utiliza un objeto *Array.* Se utiliza el operador *new* para asignar dinámicamente (solicitar memoria) el número de elementos necesarios para cada *array.* Este proceso se denomina **creación de una instancia de objeto,** y el operador *new* es el operador de asignación de memoria dinámica. Para asignar 10 elementos al *array "a"* se usa la siguiente instrucción:

```
var a = new Array (10);
```

Esta instrucción también puede ser ejecutada en dos pasos:

```
var a;  //se declara el array
a = new Array (10); //se asista el array
```

Al asignar *arrays,* los elementos no se inicializan, sino que sus valores se configuran como *undefined.*

En las instrucciones anteriores se indica que el *array* va a tener 10 posiciones, es decir, 10 casillas donde se pueden guardar datos.

 **Nota**

Es importante fijarse en que la palabra *Array* en JavaScript se escribe con la primera letra en mayúscula. Como JavaScript distingue entre mayúsculas y minúsculas, en caso de escribirlo en minúsculas no funcionará.

Independientemente de que se indique el número de casillas del *array,* en él se puede añadir cualquier tipo de dato. En caso de que la casilla esté creada, simplemente se añade el dato, mientras que si no está creada, primero se crea y posteriormente se introduce el dato, dando origen a que el resultado final sea el mismo. La creación en estas casillas se realiza de forma dinámica, creándose al mismo tiempo que los *scripts* se ejecutan.

Para añadir valores en los *arrays,* hay que indicar mediante corchetes el índice de la posición donde se quiera guardar el dato. En el siguiente ejemplo, se va a guardar 100 en la posición 0. Por ejemplo:

```
var miArray = new Array (100); // Creación del array

miArray[0] = 100;
miArray[1] = 36;
miArray[2] = 5;
```

 **Actividades**

18. Crear un *array* de siete elementos, y guardar en cada elemento el día de la semana.

Si se conocen con antelación los valores de los elementos de un *array*, se pueden asignar e inicializar en la declaración del mismo. Existen dos formas de especificar los valores iniciales:

```
var  diasSemana  =  new  Array  ("lunes",  "martes",
"miércoles", "jueves", "viernes", "sábado", "domingo");
```

La primera, que se observa en el ejemplo anterior, crea un *array* de 6 elementos. Los valores iniciales de los elementos del *array* se especifican como argumentos en los paréntesis que aparecen detrás de *new Array*.

```
var numerosSemana = [1, 2, 3, 4, 5, 6];
```

 Nota

Los datos de la matriz van entre comillas "", puesto que son una cadena de caracteres. En caso de ser enteros, sería: 1, 2, 3, etc.

La segunda también crea un *array* de seis elementos, separados por comas y entre corchetes. El tamaño del *array* se determina por medio del número de valores de la lista de inicializadores.

Por lo general, para mostrar el recorrido de los *arrays* y el contenido de cada posición, o cualquier otra información que contengan, se utilizan bucles, dentro de los cuales el que más se suele utilizar es el bucle *for*.

6.2. *Arrays* multidimensionales

Los *arrays* multidimensionales son aquellos **que tienen dos subíndices,** y suelen utilizarse para representar tablas de valores formadas por información, organizada en filas y columnas. Para identificar un elemento de la tabla, es necesario especificar los dos subíndices. El primero identifica la fila en la que se encuentra el elemento, mientras que el segundo su columna. Los *arrays* multidimensionales que necesitan dos subíndices para identificar un elemento se denominan **arrays bidimensionales.**

Comparación de variable, *array* y *array* multidimensional

VARIABLE	*ARRAY*	*ARRAY* MULTIDIMENSIONAL		
Dato	Dato	Dato	Dato	Dato
	Dato	Dato	Dato	Dato
	Dato	Dato	Dato	Dato
	Dato	Dato	Dato	Dato

Para ver su funcionamiento, se va a crear un ejemplo de un *array* bidimensional que muestre los valores que contiene.

```
  arrayMultidimensionales.html  ×

 1   <?xml version = "1.0" encoding = "utf-8"?>
 2   <!DOCTYPE html PUBLIC "-//W3C//DTD XHTML 1.0 Strict//EN"
 3       "http://www.w3.org/TR/xhtml1/DTD/xhtml1-strict.dtd">
 4
 5   <html xmlns = "http://www.w3.org/1999/xhtml">
 6      <head>
 7         <title>Arrays Multidimensionales</title>
 8         <script type = "text/javascript">
 9            <!--
10            var theArray = [ [ 1, 2, 3 ], // primera fila
11                             [ 4, 5, 6 ] ]; // segunda fila
12
13            //mostramos una cabecera
14            document.writeln( "<h2>  Valores Array </h2><pre>" );
15             for ( var i in theArray )
16               {
17                  //recorremos el array con un bucle for
18
19                  for ( var j in theArray[ i ] )
20                     document.write( theArray[ i ][ j ] + " " );
21
22                  document.writeln( "<br />" );
23               } // end for
24            // -->
25         </script>
26      </head><body></body>
27   </html>
```

Código script array multidimensional

Anteriormente, para recorrer los valores de un *array* se utilizaba un bucle *for.* En este caso, para los *arrays* de varias dimensiones es necesario utilizar bucles *for* anidados, para poder recorrer los *arrays.* En este ejemplo, se ha creado e inicializado el *array* bidimensional. La diferencia entre crear un *array* de una dimensión y uno con varias dimensiones, estriba en que en estos últimos hay que añadir un segundo corchete [ ] al *array.*

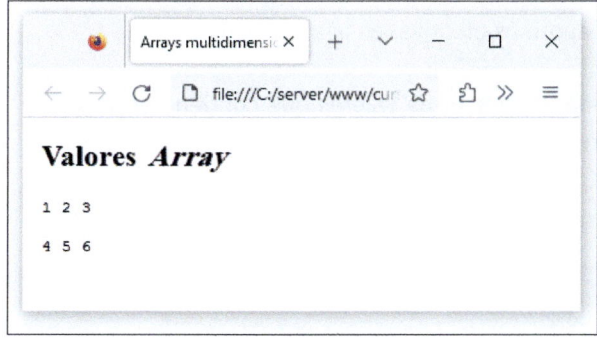

Resultado de ejecutar el código de un array multidimensional

6.3. Tratamiento de *arrays* mediante bucles

En JavaScript, los *arrays* siempre empiezan en la posición 0, por tanto un *array* que tenga 10 posiciones, tendrá casillas del 0 al 9. Para ver los datos que contiene el *array,* se pone entre corchetes el índice de la posición a la que se quiere acceder, como se ve en este ejemplo:

```
var miArray = new Array[10];

miArray [0] = 55;
miArray [1] = 94;
miArray [2] = 28;
            .

            .

            .
miArray [9] = 14;
```

De la forma anterior, se accede a cada valor del *array* determinando su posición. Este método puede ser efectivo para *array* pequeños, cuando se conoce la posición del elemento que se quiere recuperar. Otra forma de obtener los datos de los *array,* aún más efectiva, es usando bucles.

Conociendo el número de valores que contiene el *array,* por ejemplo 5, se puede recorrer de la siguiente forma:

```
for (var contador = 0; contador <= 5; contador++){
        document.writeln ("posición " + contador + "del array: " +
            miArray[contador];
        document.writeln ("<br>");
}
```

En caso de no conocer el tamaño del *array*, es posible utilizar la función *length*, que especifica el tamaño del mismo.

```
for (var contador = 0; miArray.lenght; contador++){
        document.writeln ("posición " + contador + "del array: " +
            miArray[contador];
        document.writeln ("<br>");
}
```

Aplicación práctica

Dado un *array* numérico de 10 elementos, con valores comprendidos entre el 1 y el 10.
¿Cuál sería el script a realizar para que se sumen todos los valores del *array?*

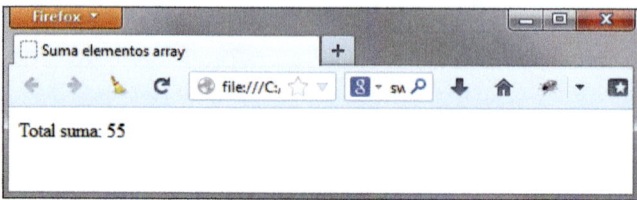

Ejecución programa práctica

SOLUCIÓN

```
sumaArray.html                    ✕
1    <?xml version = "1.0" encoding = "utf-8"?>
2    <!DOCTYPE html PUBLIC "-//W3C//DTD XHTML 1.0 Strict//EN"
3      "http://www.w3.org/TR/xhtml1/DTD/xhtml1-strict.dtd">
4
5    <html xmlns = "http://www.w3.org/1999/xhtml">
6       <head>
7          <title>Suma elementos array</title>
8
9          <script type = "text/javascript">
10            <!--
11            var theArray = [ 1, 2, 3, 4, 5, 6, 7, 8, 9, 10 ];
12            var total = 0;
13
14            //bucle para recorrer los elementos del array
15            for ( var i = 0; i < theArray.length; i++ )
16               total += theArray[ i ];
17
18            document.writeln( "Total suma: " + total );
19          </script>
20       </head><body></body>
21    </html>
22
```

Código script programa práctica

Aplicación práctica

Teniendo en cuenta el ejemplo de los *array* multidimensionales, ¿cómo sería la secuencia de comandos para añadir un segundo *array* con los siguientes valores?

1 2
3
4 5 6

Para mostrar el resultado de ambos *array*, es necesaria la creación de una función, a la que hay que pasarle como parámetros la cabecera y el *array*, como muestra la siguiente imagen:

Ejecución programa práctica

Continúa en página siguiente >>

<< Viene de página anterior

SOLUCIÓN

```
arrayMultidimensionales.html  ×

1    <?xml version = "1.0" encoding = "utf-8"?>
2    <!DOCTYPE html PUBLIC "-//W3C//DTD XHTML 1.0 Strict//EN"
3        "http://www.w3.org/TR/xhtml1/DTD/xhtml1-strict.dtd">
4
5    <html xmlns = "http://www.w3.org/1999/xhtml">
6        <head>
7            <title>Arrays Multidimensionales</title>
8            <script type = "text/javascript">
9                <!--
10               var array1 = [ [ 1, 2, 3 ], // primera columna
11                              [ 4, 5, 6 ] ]; // segunda columna
12               var array2 = [ [ 1, 2 ], // primera columna
13                              [ 3 ], // segunda columna
14                              [ 4, 5, 6 ] ]; // tercera columna
15
16               outputArray( "Valores array1", array1 );
17               outputArray( "Valores array2", array2 );
18
19               function outputArray( heading, theArray )
20               {
21                  document.writeln( "<h2>" + heading + "</h2><pre>" );
22
23                  for ( var i in theArray )
24                  {
25                     for ( var j in theArray[ i ] )
26                        document.write( theArray[ i ][ j ] + " " );
27
28                     document.writeln( "<br />" );
29                  } // end for
30
31                  document.writeln( "</pre>" );
32               } // end function outputArray
33               // -->
34           </script>
35       </head><body></body>
36    </html>
37
```

Código script programa práctica

7. Formatos estándar de almacenamiento de datos en lenguajes de guión

En el mundo de la programación, se programe en el lenguaje que se programe, continuamente es necesario el almacenaje de datos.

7.1. Comparativa

Principalmente, existen dos modelos de almacenamiento de datos en los sistemas de información. Por un lado, está el **modelo tradicional de archivos** y por otro, el **modelo de base de datos relacionales.**

El modelo tradicional de archivos

En el modelo tradicional se construye con los siguientes elementos:

- **Variables de registros:** permiten almacenar un conjunto de datos, por ejemplo, las notas de un alumno, su nombre, dirección, etc. En estas variables también entrarían los programas o rutinas para su correcto procesamiento, como puede ser un módulo que se encargue de corregir si los datos introducidos son correctos, o que muestre la información por pantalla.
- **Archivos:** son almacenes en los que se guarda información de forma permanente en disco, por ejemplo, procedimientos para crear archivos, almacenar un nuevo alumno, buscar a un determinado alumno, etc.
- **Aplicación:** es un programa encargado de coordinar todo lo anterior, y presentar al usuario la información de tal forma que le sea clara, fácil, accesible y entendible.

Este modelo todavía se usa en la actualidad, pero realizar un sistema de información con él significaría una gran cantidad de trabajo de programación. Hay mejores maneras, más rápidas, eficientes y seguras, que evitarían todos estos problemas, lo que conduce al **segundo modelo de datos.**

El modelo de base de datos relacionales

Este modelo intenta simplificar la construcción de sistemas de información del **modelo tradicional,** incluyendo los siguientes elementos:

- **Tablas:** son combinaciones de variables de registro y de archivos del modelo tradicional. Cuando un desarrollador declara o define una tabla, realiza dos acciones a la vez: por un lado, crea en memoria una variable que almacenará los datos, y por otro lado, crea al mismo tiempo un archivo en disco que se llamará igual que la tabla, y en el que se guardará la información que contenga la variable en memoria.

■ **Aplicación:** tiene la misma función que en el modelo anterior.

Como se puede observar, mediante la utilización de este modelo es más sencillo implementar sistemas de información, puesto que la parte de desarrollo se reduce considerablemente.

 Nota

Para manipular la información de las bases de datos relacionales, es necesaria la utilización de un lenguaje racional. El lenguaje más común para realizar las consultas a bases de datos relacionales es el SQL *(Structured Query Language)*.

7.2. Tratamiento de formatos estándar

A continuación, se muestra el tratamiento de los formatos estándar:

■ **Variables de registros:** como se ha indicado anteriormente, son variables que permiten almacenar un conjunto de datos de diverso tipo.
■ **Archivos:** pueden entenderse como almacenes que permiten guardar datos de forma permanente en disco.
■ **Aplicación:** son programas que se encargan de coordinar el uso de las **variables de registros y los archivos,** y presentar al usuario información de manera clara, fácil, accesible y entendible.

7.3. Diccionario de datos

Un diccionario de datos es un **catálogo, o depósito de los elementos de un sistema.** Dichos elementos se encuentran alrededor de los datos y de su estructura, para satisfacer los requerimientos de los usuarios y las necesidades de la organización.

En un diccionario de datos se encuentra la lista de todos los elementos que forman parte del flujo de datos del sistema.

En el caso de que un analista necesite conocer cuántos caracteres abarca un determinado dato, o dónde se utiliza este, encontrará la información necesaria en un diccionario de datos.

Es recomendable su uso para manejar información en sistemas muy grandes, para documentar las características de dicho sistema, y para facilitar el análisis de los detalles. De esta forma, es posible evaluar las características y determinar dónde efectuar cambios en el sistema.

Diccionario de datos

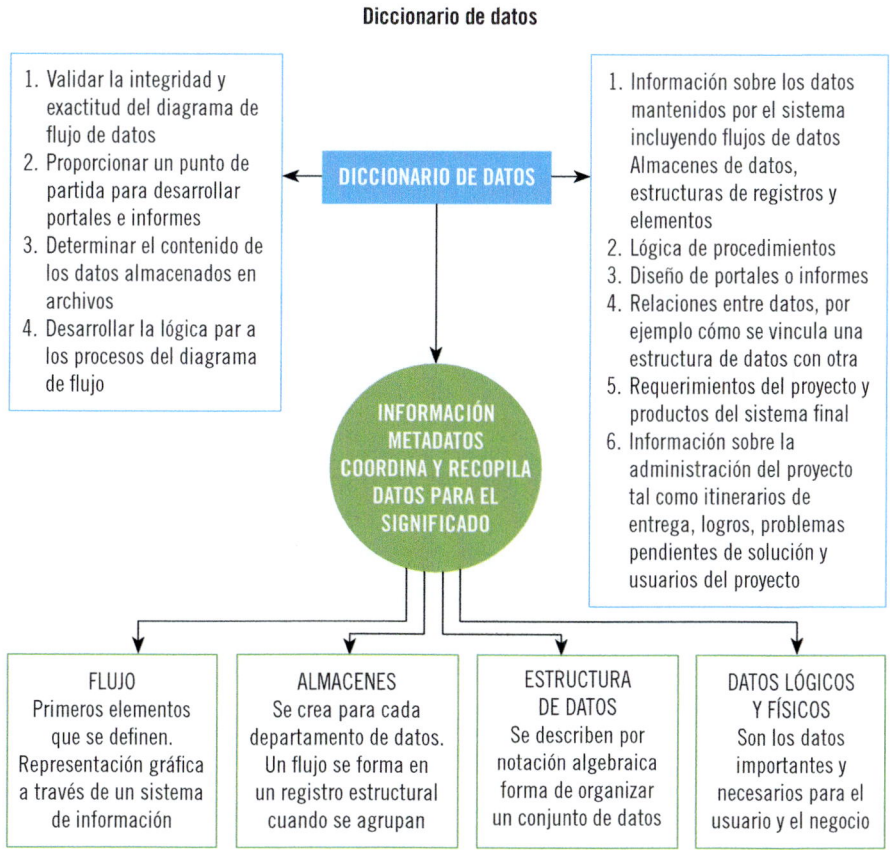

1. Validar la integridad y exactitud del diagrama de flujo de datos
2. Proporcionar un punto de partida para desarrollar portales e informes
3. Determinar el contenido de los datos almacenados en archivos
4. Desarrollar la lógica par a los procesos del diagrama de flujo

DICCIONARIO DE DATOS

1. Información sobre los datos mantenidos por el sistema incluyendo flujos de datos Almacenes de datos, estructuras de registros y elementos
2. Lógica de procedimientos
3. Diseño de portales o informes
4. Relaciones entre datos, por ejemplo cómo se vincula una estructura de datos con otra
5. Requerimientos del proyecto y productos del sistema final
6. Información sobre la administración del proyecto tal como itinerarios de entrega, logros, problemas pendientes de solución y usuarios del proyecto

INFORMACIÓN METADATOS COORDINA Y RECOPILA DATOS PARA EL SIGNIFICADO

FLUJO
Primeros elementos que se definen. Representación gráfica a través de un sistema de información

ALMACENES
Se crea para cada departamento de datos. Un flujo se forma en un registro estructural cuando se agrupan

ESTRUCTURA DE DATOS
Se describen por notación algebraica forma de organizar un conjunto de datos

DATOS LÓGICOS Y FÍSICOS
Son los datos importantes y necesarios para el usuario y el negocio

 **Actividades**

19. Definir qué es un diccionario de datos y para qué sirve.

---

8. Objetos

En secciones anteriores se ha visto que la Programación Orientada a Objetos (POO) requiere pensar de una forma distinta sobre cómo construir una aplicación. Los objetos permiten modelar en código las tareas reales, los procesos y las ideas controladas por la aplicación.

En lugar de pensar en la aplicación como un subproceso de control, que pasa fragmentos de datos de una función a otra, una solución POO permite modelar la aplicación como un conjunto de objetos en colaboración, que controlan de forma independiente determinadas actividades.

8.1. Creación de objetos: métodos y estructuras de datos

Como se ha visto, JavaScript posee varios objetos incluidos en su núcleo, tales como *math, string, array,* etc.

JavaScript, al ser un lenguaje basado en prototipos, no contiene ninguna declaración de clase, como puede observarse en otros lenguajes de programación, como Java o PHP. En ocasiones, esto puede resultar confuso para los programadores, acostumbrados a los lenguajes con una declaración de clase. En su lugar, JavaScript utiliza funciones como clases. El definir una clase es tan fácil como definir una función. En el siguiente ejemplo se define una clase llamada *Alumno.*

```
function Alumno ( ) { }
```

Para crear un nuevo objeto con esta clase, se utiliza la declaración *new,* asignando el resultado a una variable, para poder tener acceso a ella con posterioridad. En el siguiente ejemplo, se define la función *Alumno,* y se crean dos instancias *(Alumno1 y Alumno2).*

```
function Alumno ( ) { }

var alumno1 = new Alumno ( );

var alumno2 = new Alumno ( );
```

El constructor

El constructor es llamado en el momento en que se crea la instancia del objeto, y es un método de la clase. En JavaScript, la propia función sirve como constructor del objeto, y por ello no es necesario definir explícitamente un método constructor. Cada instrucción declarada en la clase, se ejecuta en el momento de la creación de la instancia.

El constructor se usa para establecer las propiedades del objeto o para llamar a los métodos para su uso. En el siguiente ejemplo, en la clase *Alumno* se añade un constructor, que mostrará una alerta cuando se cree *Instancia de Alumno.*

```
function Alumno ( ) {

   alert ("Instancia de Alumno");

}


var alumno1 = new Alumno ( );

var alumno2 = new Alumno ( );
```

 **Actividades**

20. ¿Cómo puede crearse una clase, e inicializarla con un constructor?

La propiedad (atributos de objeto)

Las propiedades son **variables contenidas en la clase;** cada ejemplo del objeto tiene dichas propiedades. Las propiedades deben ajustarse a la propiedad prototipo de la clase (función), de modo que la herencia funcione correctamente.

Para utilizar las propiedades dentro de una clase, hay que emplear la palabra clave *this,* la cual se refiere al objeto actual. El acceso a una propiedad fuera de la clase se realiza con la sintaxis *NombreInstancia.Propiedad.* Dentro de la misma clase, para poder obtener o establecer un determinado valor de la propiedad, se utiliza la sintaxis *this.Propiedad.* En el siguiente ejemplo, se define la propiedad *nombre* de la clase *Alumno:*

```
function Alumno ( nombre ) {
    this.nombre = nombre;
    alert ("Instancia de Alumno");
}


Alumno.prototype.nombre = "Nombre Alumno";
var alumno1 = new Alumno ('María' );
var alumno2 = new Alumno ( 'Federico' );


//Muestra el nombre del alumno1
alert ('el nombre de alumno1 es: ' + alumno1.nombre);
//Mostrará María
```

Los métodos

Los métodos siguen la misma lógica que las propiedades, la diferencia estriba en que son funciones, y se definen como tales. El llamar a un método es similar a acceder a una propiedad, pero agregando dobles paréntesis ( ) al final del nombre del método. En caso de que tenga argumentos, estos irían incluidos dentro del paréntesis. En el ejemplo siguiente se define y se utiliza el método *saludaAlumno( )* para la clase *Alumno:*

```
function Alumno ( nombre ) {
    this.nombre = nombre;
    alert ("Instancia de Alumno");
}


Alumno.prototype.nombre = "Nombre Alumno";
Alumno.prototype.saludaAlumno = function ( )
{
    Alert ("hola");
}
var alumno1 = new Alumno ('María' );
var alumno2 = new Alumno ( 'Federico' );


//Llama al método Alumno saludaAlumno
alumno1.saludaAlumno ( ); //mostraría hola
```

 **Importante**

En todas las clases de JavaScript, existe un objeto llamado *prototype,* que de alguna forma es la clase padre por defecto. Para que una clase herede de otra, hay que cambiar el *prototype* de la clase hija para que sea una instancia de la del padre.

Herencia

JavaScript solamente es compatible con la herencia de clases individuales. La clase que hereda, comúnmente se llama **clase secundaria o hija,** mientras que la clase heredada, se denomina **primaria o padre.** Para la utilización de la herencia en clases en JavaScript, hay que asignar desde la clase primaria a la secundaria, y posteriormente realizar la especialización. En el siguiente ejemplo se define la clase *Estudiante,* como una clase secundaria de *Persona.* Más tarde, se define el método *saludaEstudiantes( )* y se agrega el método *adiosEstudiante( ).*

```
// define la clase Persona
function Persona ( ) { }


Persona.prototype.numeroAsignaturas = function ( )
{ };
Persona.prototype.saludaEstudiante = function ( ) {
 alert ('hola');
};
```

Continúa en página siguiente >>

<< Viene de página anterior

```
// define la clase Persona
function Persona ( ) { }


Persona.prototype.numeroAsignaturas = function ( )
{ };
Persona.prototype.saludaEstudiante = function ( ) {
 alert ('hola');
};


// define la clase Estudiante
function Student() {
    // Llama al constructor primario
    Persona.call(this);
}
//hereda Persona
Estudiante.prototype = new Persona();


//corrige el puntero del constructor porque apunta
a Persona
Estudiante.prototype.constructor = Estudiante;


//reemplaza el método saludaEstudiante
Estudiante.prototype.saludaEstudiante = function(){
    alert ('hola, soy estudiante');
}
```

Continúa en página siguiente >>

<< Viene de página anterior

```
//agrega el método adiosEstudiante

Estudiante.prototype.adiosEstudiante = function(){

    alert ('adiós');

}

var estudiante1 = new Estudiante ( );

estudiante1.saludaEstudiante ( );

estudiante1.adiosEstudiante ();


/ / comprueba la herencia

alert (estudiante instanceof Persona); // true

alert( estudiante instanceof Estudiante); // true
```

Encapsulación

En el ejemplo anterior, *Estudiante* no tiene qué saber como se aplica el método *numeroAsignaturas( )* de la clase *Persona.* No obstante, puede utilizar ese método. La clase *Estudiante* no tiene que definir ese método a no ser que sea necesario cambiarlo. Esto se denomina **encapsulación,** mediante la cual cada clase hereda los métodos de su clase primaria, y solo hay que definir aquellas cosas que se desee cambiar.

 Actividades

21. ¿Cuál es el fin de la encapsulación?

8.2. Bibliotecas de objetos

Las bibliotecas de objetos son un conjunto de objetos que implementan una serie de operaciones que se pueden utilizar. Las bibliotecas pueden ser las que contenga el propio JavaScript, pueden pertenecer al propio código, o puede tratarse incluso de bibliotecas de terceros.

9. El modelo de documento web

En esta sección se va a mostrar el Modelo de Objetos de Documento (DOM). El DOM permite acceder a todos los elementos de una página web. Dentro del navegador, la totalidad de elementos de una página web (formularios, párrafos, tablas, etc.), se representan en una jerarquía de objetos. Por medio de JavaScript, se puede crear, modificar y eliminar dichos elementos de la página de forma dinámica.

En primera instancia, se va a llevar a cabo una presentación formal del concepto de nodos y árboles DOM. Seguidamente, se pasará a analizar las propiedades y métodos de los nodos DOM, y los métodos adicionales del objeto *document.* También se verá cómo cambiar de forma dinámica propiedades de estilo, para crear diferentes tipos de efectos, como por ejemplo, cambiar los colores de fondo definidos por el usuario, o incluir animaciones. Para finalizar, se verán los diferentes objetos y sus propiedades.

9.1. Estructura de documento

Los objetos y colecciones del DOM ofrecen flexibilidad para manipular los elementos de una página web.

El DOM permite acceder a todos los elementos de un documento HTML. Cada elemento está representado por un objeto independiente.

A continuación, se enumeran los objetos y colecciones del modelo de objetos de documento del W3C:

- ***window:*** representa la ventana del navegador, y permite acceder al objeto *document* de *Windows*. También contiene los objetos *history* y *location.*

- ***document:*** representa al documento HTML mostrado en *window*. Brinda acceso a todos los elementos del documento, y permite su modificación dinámica.

- ***body:*** permite el acceso al elemento *body* de un documento HTML.

- ***history:*** realiza el seguimiento de los sitios visitados por el usuario en el navegador. Este objeto permite, mediante el uso de la secuencias de comandos, el poder desplazarse por los sitios visitados.

- ***location:*** contiene la URL del documento. En caso de establecer una nueva URL, el navegador se desplaza inmediatamente a la nueva ubicación.

- ***anchors:*** colección que contiene todos los elementos de ancha *(a)* que tienen un atributo *id* o *name*. Dichos elementos aparecen en la colección en el orden en que se han definido en el documento HTML.

- ***forms:*** contiene todos los elementos *forms* del documento. Dichos elementos aparecen en la colección en el orden en que se han definido en el documento HTML.

- ***images:*** contiene todos los elementos *img* del documento. Los elementos aparecen en la colección en el orden en que se han definido en el documento HTML.

- ***links:*** contiene todos los elementos de ancla *(a)* con una propiedad *href*. Los elementos aparecen en la colección en el orden que se han definido en el documento HTML.

 Sabía que...

Con el DOM, los elementos HTML se pueden tratar como objetos, y muchos atributos de los elementos HTML se pueden tratar como propiedades de dichos objetos.

9.2. Navegación por las propiedades del documento

El método *getElementById* de *document* es la forma más sencilla de acceder a un elemento concreto de una página.

El método *getElementById* devuelve objetos denominados nodos DOM. Todos los elementos de una página HTML se modelan en el navegador web por medio de un nodo DOM. Todos los nodos de un documento componen el árbol DOM de la página web, la cual describe las relaciones entre los elementos. Los nodos se relacionan entre sí por medio de **relaciones entre principal y secundario.** Un elemento HTML incluido dentro de otro elemento, se denomina **secundario del elemento contenedor.** El elemento contenedor es el principal. Un nodo puede tener varios secundarios pero solamente un principal. Aquellos nodos con el mismo nodo principal se denominan **nodos hermanos.**

Algunos navegadores disponen de herramientas que ofrecen una representación visual del árbol DOM de un documento. Como se vió en capítulos anteriores, *Firefox* tiene a su disposición varios *plugins,* que permiten acceder al inspector del DOM. De la misma forma, también existe en *Microsoft Edge* una barra de herramientas para desarrolladores que permite inspeccionar el DOM, al igual que ocurre con *Chrome, Opera* y *Safari.*

A continuación, se muestra el árbol de nodos DOM de un documento sencillo.

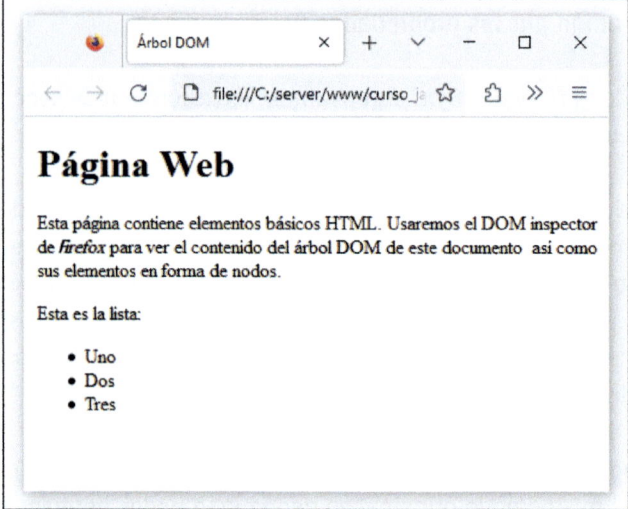

El documento HTML se reproduce en Firefox.

```
  │◄ ►│  arbolDOM.html        ✕
  1   <?xml version = "1.0" encoding = "utf-8"?>
  2   <!DOCTYPE html PUBLIC "-//W3C//DTD XHTML 1.0 Strict//EN"
  3      "http://www.w3.org/TR/xhtml1/DTD/xhtml1-strict.dtd">
  4
  5   <html xmlns = "http://www.w3.org/1999/xhtml">
  6      <head>
  7         <title>Arbol DOM</title>
  8      </head>
  9      <body>
 10         <h1>P&aacute;gina Web</h1>
 11         <p>Esta p&aacute;gina contiene elementos b&aacute;sicos HTML. Usaremos el DOM inspector
 12            de Firefox para ver el contenido del &aacute;rbol DOM de este documento as&iacute;
 13            como sus elementos en forma de nodos.</p>
 14         <p>Esta es la lista:</p>
 15         <ul>
 16            <li>Uno</li>
 17            <li>Dos</li>
 18            <li>Tres</li>
 19         </ul>
 20      </body>
 21   </html>
```

Código del documento HTML

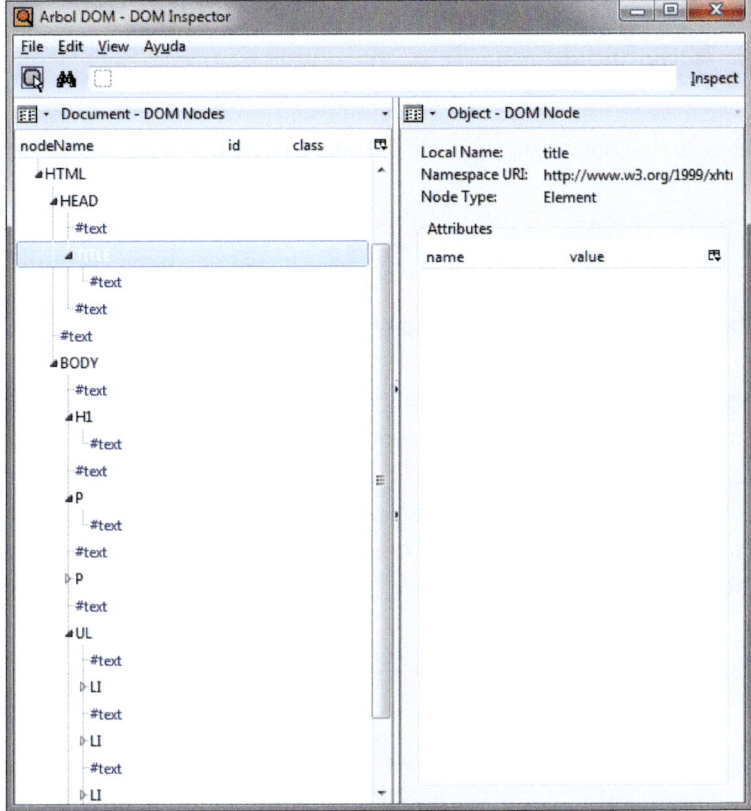

Inspector DOM de Firefox, que muestra el árbol del documento

El documento HTML contiene una serie de elementos sencillos. Se muestran los nodos *HEAD* y *BODY,* que son hermanos, al ser ambos secundarios del nodo *HTML.* El nodo *head* contiene dos nodos *#text.* El nodo *TITLE* tiene un nodo de texto secundario *#text.* El nodo *BODY* contiene nodos que representan cada uno de los elementos de la página. Los nodos *LI* son secundarios al nodo *UL,* ya que se encuentran anidados en su interior.

Actividades

22. Realizar el ejemplo anterior, y visualizar el árbol DOM con el DOM inspector de *Firefox*.

9.3. Cambio de propiedades mediante lenguajes de guion

El estilo de un elemento se puede cambiar de forma dinámica. Este tipo de cambios suelen realizarse como respuesta a eventos del usuario. Estos cambios de estilo pueden generar multitud de efectos, incluidos los efectos de desplazamiento del ratón, menús interactivos y animaciones. El siguiente ejemplo muestra el cambio de la propiedad de estilo *background-color,* en respuesta a una entrada del usuario.

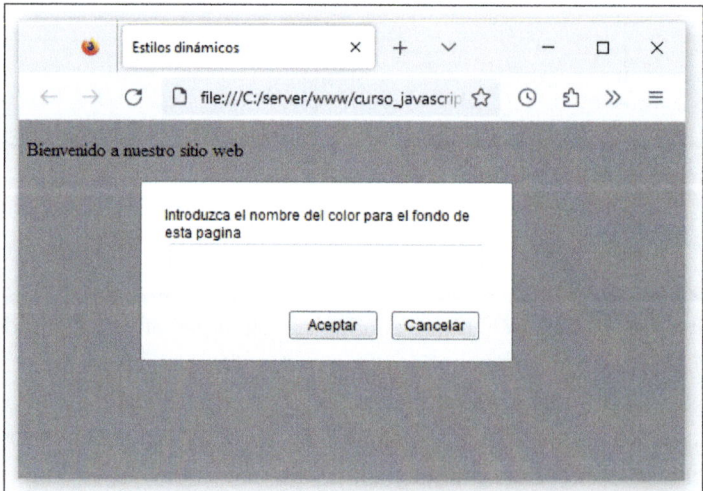

Cambio de estilo dinámico

```
    estilodinamico.html      ✕

1    <?xml version = "1.0" encoding = "utf-8"?>
2    <!DOCTYPE html PUBLIC "-//W3C//DTD XHTML 1.0 Strict//EN"
3       "http://www.w3.org/TR/xhtml1/DTD/xhtml1-strict.dtd">
4
5    <html xmlns = "http://www.w3.org/1999/xhtml">
6       <head>
7          <title>Estilos Din&aacute;micos</title>
8          <script type = "text/javascript">
9             <!--
10            function inicio()
11            {
12               var inputColor = prompt( "Introduzca el nombre del color " +
13                  "para el fondo de esta página", "" );
14               document.body.style.backgroundColor = inputColor;
15            } // fin function inicio
16            // -->
17         </script>
18      </head>
19      <body onload = "inicio()">
20         <p>Bienvenido a nuestro sitio web</p>
21      </body>
22   </html>
```

Código página web para el cambio de estilo dinámico

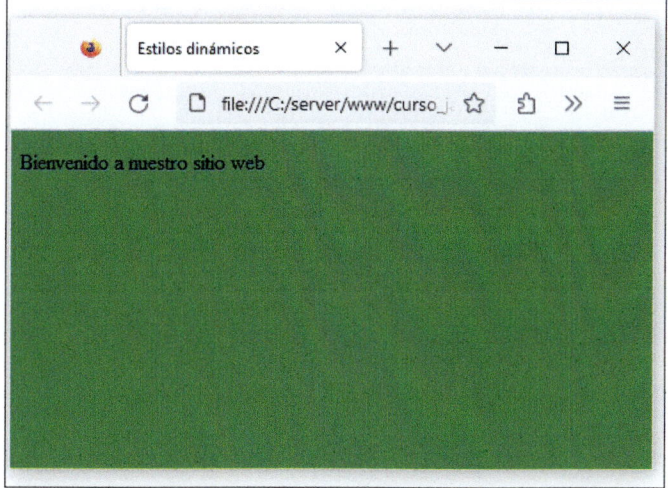

Color de fondo cambiado a verde

La función *inicio* insta al usuario a que introduzca el nombre de un color, para después establecer el color de fondo en dicho valor.

Aplicación práctica

Partiendo del ejemplo de la página web con estilo de cambio dinámico, añadir una función que, pasando como parámetro el color introducido por el usuario, compruebe si este color existe. Estos colores estarán contenidos en un *array* de la siguiente forma: ["white", "black", "green", "pink", "magenta", "red", "brown"].

SOLUCIÓN

```
estilodinamico.html

1   <?xml version = "1.0" encoding = "utf-8"?>
2   <!DOCTYPE html PUBLIC "-//W3C//DTD XHTML 1.0 Strict//EN"
3       "http://www.w3.org/TR/xhtml1/DTD/xhtml1-strict.dtd">
4
5   <html xmlns = "http://www.w3.org/1999/xhtml">
6       <head>
7           <title>Estilos Dinámicos</title>
8           <script type = "text/javascript">
9               <!--
10              var color = 0;
11              function inicio()
12              {
13                  var inputColor = prompt( "Introduzca el nombre del color " +
14                      "para el fondo de esta página", "" );
15
16                  compruebaColor (inputColor);
17
18                  if (color == 1 ){
19                      document.body.style.backgroundColor = inputColor;
20                  }
21                  else{
22                      alert ("nombre color incorrecto, vuelva a recagar la página");
23                  }
24
25              } // fin function inicio
26
27              //funcion comprobar color
28              function compruebaColor (inputColor)
29              {
30                  var colorArray = ["white", "black", "green", "pink",
31                      "magenta", "red", "brown"];
32
33                  for (var i = 0; i < colorArray.length; i++) {
34                      if (inputColor == colorArray[i])
35                          color = 1;
36                  }
37              }
38              // -->
39
40          </script>
41      </head>
42      <body onload = "inicio()">
43          <p>Bienvenido a nuestro sitio web</p>
44      </body>
45  </html>
```

Solución práctica

10. Gestión de eventos

Se ha visto que las páginas HTML se pueden controlar por medio de secuencias de comandos. A continuación, se van a detallar los eventos de JavaScript que permiten a las secuencias de comandos responder a interacciones del usuario, y modificar la página web que se esté visitando. Los eventos permiten que los *scripts* respondan a un usuario que, por ejemplo, introduzca datos en un formulario, desplace el ratón por la pantalla o sobre una imagen, o pulse una tecla cualquiera. Los eventos y el control de eventos contribuyen a que las aplicaciones web tengan mayor capacidad de respuesta, y sean más dinámicas e interactivas.

Las funciones que procesan eventos se denominan **controladores de eventos.** La asignación de un controlador de eventos a un evento de un nodo DOM, se denomina **registrar un controlador de eventos.**

10.1. Tipos de eventos

A continuación, se describen los eventos más soportados en JavaScript:

- **"onabort":** el usuario interrumpe la transferencia de una imagen.
- **"onchange":** se realiza una nueva selección en un elemento **select,** o cuando se cambia una entrada de texto y el elemento pierde el enfoque.
- **"onclick":** el usuario hace clic con el ratón.
- **"ondblclick":** el usuario hace doble clic con el ratón.
- **"onfocus":** un elemento de formulario recibe el enfoque.
- **"onkeydown":** el usuario mantiene pulsada una tecla.
- **"onkeypress":** el usuario pulsa y suelta una tecla.
- **"onkeyup":** el usuario suelta una tecla.
- **"onload":** se ha cargado un elemento y todos sus secundarios.
- **"onmousedown":** se mantiene pulsado el botón del ratón.
- **"onmousemove":** se desplaza el ratón.
- **"onmouseout":** el ratón sale de un elemento.
- **"onmouseover":** el ratón entra en un elemento.
- **"onmouseup":** se suelta un botón del ratón.
- **"onreset":** se reestablece el formulario (clic botón de reestablecer).

- **"onresize":** cambia el tamaño de un objeto (cambio de tamaño de una ventana).
- **"onselect":** se empieza a seleccionar texto (se aplica a *textarea* o *input)*:
- **"onsubmit":** se envía un formulario.
- **"onunload":** se está a punto de cargar una página.

 Actividades

23. Enumerar los eventos más comunes en JavaScript, así como su uso.

10.2. Técnicas para el manejo de eventos mediante lenguajes de guion

En los primeros navegadores compatibles con eventos, el modelo en línea, por ejemplo, *<p onclick = "miFuncion( )">,* era la única forma de procesar eventos. Posteriormente, *Netscape* desarrolló el modelo tradicional. Este modelo accede a los eventos del DOM para poder crear un evento, y fue también adoptado por *Microsoft Edge.* Desde entonces, tanto *Netscape* como *Microsoft* han desarrollado modelos de eventos avanzados diferentes (incompatibles), con más funciones que el modelo tradicional o en línea. El modelo avanzado de *Netscape* fue adoptado por el W3C para crear una especificación de eventos del DOM. La mayoría de navegadores admite el modelo del W3C, pero algunas versiones de *Microsoft Edge* no. Esto significa que, para crear sitios web compatibles entre navegadores, se está limitado casi exclusivamente a los modelos de eventos en línea o tradicional, aunque los modelos avanzados ofrecen mayor comodidad y funciones.

Cada elemento de la página web tiene su propia lista de eventos soportados, por ejemplo, en un menú desplegable se mostrará una alerta cuando se cambie el valor seleccionado.

```
<SELECT onChange = "windows.alert ('selección cambiada');
    <option value= "opcion 1">opcion 1
    <option value= "opcion 2">opcion 2
</SELECT>
```

10.3. Manejadores de eventos

Existe un manejador de eventos asociado a cada evento reconocido en JavaScript. Los nombres de dichos manejadores se construyen de la siguiente forma:

```
on + nombre_evento
```

Así, existen: "onAbort", "onBlur", "onClick", "onChange", "onError", "onFocus", "onLoad", "onMouseOut", "onMouseOver", "onSelect", "onSubmit" y "onUnload".

Evento onmousemove

El evento "onmousemove" se desencadena repetidamente, siempre que el usuario mueve el puntero del ratón sobre la página web.

Eventos onmouseover y onmouseout

Estos eventos se desencadenan por el movimiento del ratón sobre la página web. Cuando se desplaza el cursor del ratón sobre un elemento, se produce un evento "onmouseover" para el mismo. Cuando el cursor se aleja, se produce un evento "onmouseout". Mediante estos dos eventos, se pueden crear efectos de animación que sucedan cuando el usuario mueva el ratón y lo sitúe sobre un botón o un cuadro de texto, y del mismo modo, cuando el ratón abandone estos elementos.

Como se ve en el siguiente ejemplo, partiendo de los códigos hexadecimales, cuando el usuario mueve el ratón sobre estos códigos, se muestre su correspondiente en color RGB.

La página se abre con la imagen de cabecera azul y todos los códigos hexadecimales en negro.

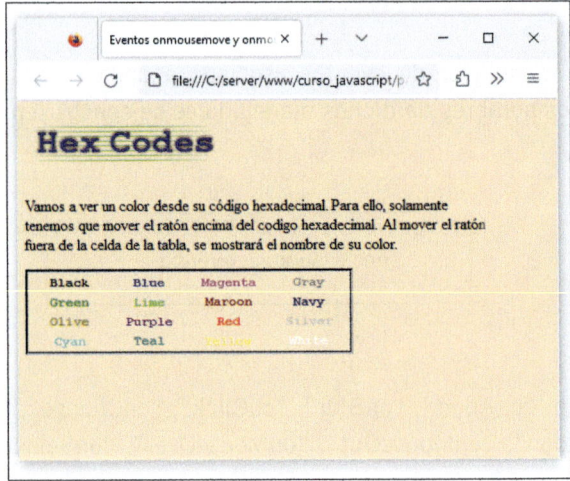

Imagen inicial

La imagen del título cambia a una imagen con texto verde al desplazar el ratón por encima.

Cambio color imagen cabecera

Al desplazar el ratón sobre un código hexadecimal, el color del texto cambia por el color representado por el este código. La imagen de la cabecera vuelve a ser azul, ya que el ratón no se encuentra situado encima de este.

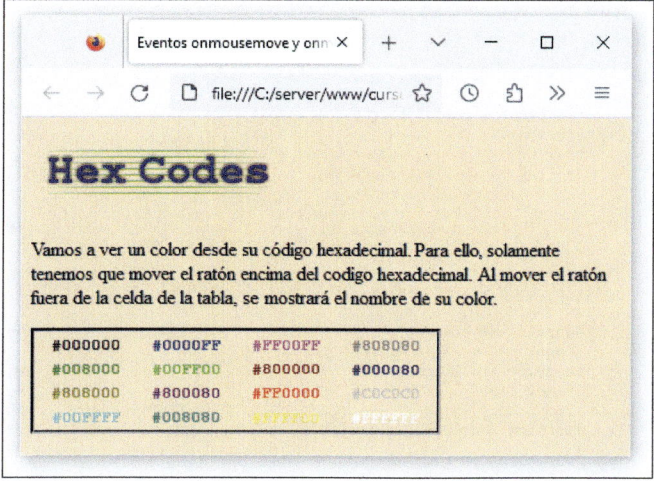

Algunos códigos hexadecimales mostrando su correspondencia de color

Cuando el ratón se aleja de la celda del código hexadecimal, el texto cambia por el nombre de color.

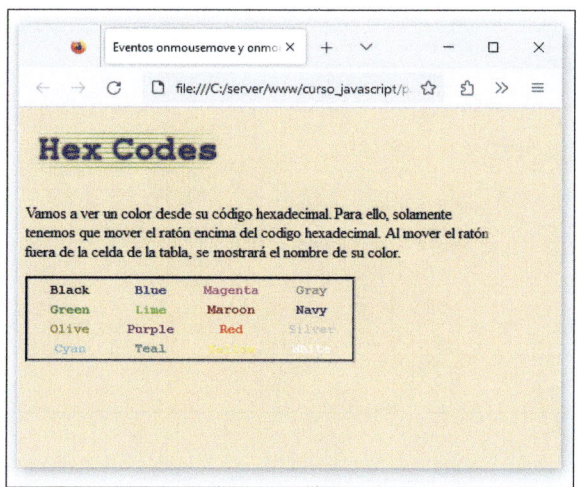

Todos los códigos hexadecimales mostrados en su equivalencia a color

Aquí se muestra el código:

```
onmouseoverout.html  ✕

1   <?xml version = "1.0" encoding = "utf-8"?>
2   <!DOCTYPE html PUBLIC "-//W3C//DTD XHTML 1.0 Strict//EN"
3       "http://www.w3.org/TR/xhtml1/DTD/xhtml1-strict.dtd">
4
5   <html xmlns = "http://www.w3.org/1999/xhtml">
6       <head>
7           <title>Eventos onmousemove y onmouseout</title>
8           <style type = "text/css">
9               body  { background-color: wheat }
10              table { border-style: groove;
11                      text-align: center;
12                      font-family: monospace;
13                      font-weight: bold }
14              td     { width: 6em }
15          </style>
16          <script type = "text/javascript">
17              <!--
18              image1 = new Image();
19              image1.src = "heading1.gif";
20              image2 = new Image();
21              image2.src = "heading2.gif";
22
23              function mouseOver( e )
24              {
25                  if ( !e )
26                      var e = window.event;
27
28                  var target = getTarget( e );
29
30                  // cambio de imagen cuando el raton se posiciona encima de la
31                  // imagen de la cabecera
32                  if ( target.id == "heading" )
33                  {
34                      target.src = image2.src;
35                      return;
36                  } // fin if
37
38                  // si un elemento está definido asignarle su correspondiente valor
39                  // de codigo hex en color
40                  if ( target.id )
41                      target.style.color = target.id;
42              } // fin function mouseOver
43
44              function mouseOut( e )
45              {
46                  if ( !e )
47                      var e = window.event;
48
49                  var target = getTarget( e );
50
51                  // iganen original evento onmouseout imagen cabecera
52                  if ( target.id == "heading" )
53                  {
54                      target.src = image1.src;
55                      return;
56                  } // fin if
```

Continúa en página siguiente >>

<< Viene de página anterior

```
onmouseoverout.html    ✕

57
58                  // si el ide de un elemento esta definido se le asigna el id
59                  // al innerHTML para que muestre su color
60                  if ( target.id )
61                      target.innerHTML = target.id;
62              } // fin function mouseOut
63
64              // return  e.srcElement, e.target
65              function getTarget( e )
66              {
67                  if ( e.srcElement )
68                      return e.srcElement;
69                  else
70                      return e.target;
71              } // fin function getTarget
72
73              document.onmouseover = mouseOver;
74              document.onmouseout = mouseOut;
75              // -->
76          </script>
77      </head>
78      <body>
79          <h1><img src = "heading1.gif" id = "heading" alt = "Heading Image" /></h1>
80          <p>Vamos a ver un color desde su c&oacute;digo hexadecimal. Para ello,
81          solamente tenemos que mover el rat&oacute;n encima del codigo hexadecimal. Al
82          mover el rat&oacute;n fuera de la celda de la tabla,se mostrar&aacute; el nombre
83          de su color.</p>
84          <table>
85              <tr>
86                  <td id = "Black">#000000</td>
87                  <td id = "Blue">#0000FF</td>
88                  <td id = "Magenta">#FF00FF</td>
89                  <td id = "Gray">#808080</td>
90              </tr>
91              <tr>
92                  <td id = "Green">#008000</td>
93                  <td id = "Lime">#00FF00</td>
94                  <td id = "Maroon">#800000</td>
95                  <td id = "Navy">#000080</td>
96              </tr>
97              <tr>
98                  <td id = "Olive">#808000</td>
99                  <td id = "Purple">#800080</td>
100                 <td id = "Red">#FF0000</td>
101                 <td id = "Silver">#C0C0C0</td>
102             </tr>
103             <tr>
104                 <td id = "Cyan">#00FFFF</td>
105                 <td id = "Teal">#008080</td>
106                 <td id = "Yellow">#FFFF00</td>
107                 <td id = "White">#FFFFFF</td>
108             </tr>
109         </table>
110     </body>
111 </html>
56                  } // fin if
```

Código ejemplo de sustitución del código hexadecimal por su equivalencia en color

Aplicación práctica

Partiendo del ejemplo de sustitución de código hexadecimal por su equivalencia en color, realizar las modificaciones necesarias para evitar que se cambie el código hexadecimal por su correspondiente en color, quedando de la siguiente forma:

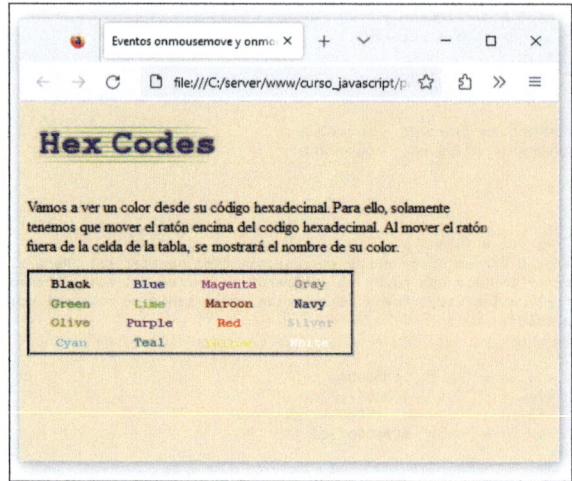

Ejecución programa práctica

SOLUCIÓN

Para evitar que cambie el texto hexadecimal por su correspondiente en color, se pueden comentar las líneas de código 60 y 61, que son las que corresponden con la asignación del *id* correspondiente en hexadecimal.

```
57
58          // si el id de un elemento esta definido se le asigna el id
59          // al innerHTML para que muestre su color
60          //if ( target.id )
61              //target.innerHTML = target.id;
62      } // fin function mouseOut
63
```

Solución práctica

Procesamiento de formularios con onfocus y onblur

Los eventos "onfocus" y "onblur" resultan especialmente útiles para trabajar con elementos de formulario que permiten entradas del usuario. El evento "onfocus" se desencadena cuando un elemento recibe el enfoque (por ejemplo, cuando el usuario hace clic en un campo de un formulario). "Onblur" se desencadena cuando el elemento pierde el enfoque, hecho que se produce cuando otro control lo recibe.

En el siguiente ejemplo, partiendo de un formulario, cuando el usuario accede a alguno de los ítems de este, se muestra información en un elemento *div*, situado debajo del mismo.

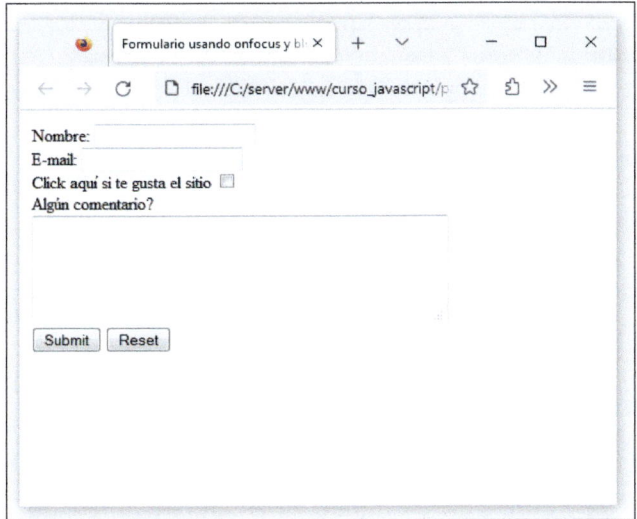

Formulario con onfocus y onblur

Cuando el usuario sitúe el cursor en el campo *E-mail,* en la parte de abajo del formulario, se le mostrará que debe ingresar un *email* en ese campo con un formato específico, como muestra la siguiente imagen.

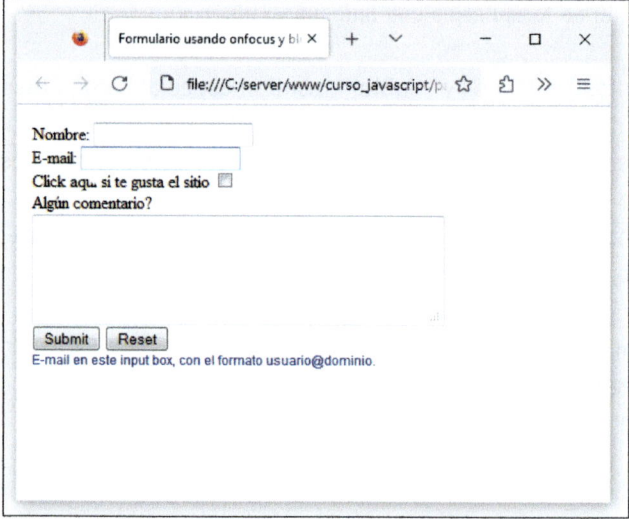

El cursor se encuentra en el campo de texto E-mail, y muestra información sobre este.

A continuación se muestra el código correspondiente:

```
onfocusblur.html          ✕
1    <?xml version = "1.0" encoding = "utf-8"?>
2    <!DOCTYPE html PUBLIC "-//W3C//DTD XHTML 1.0 Strict//EN"
3        "http://www.w3.org/TR/xhtml1/DTD/xhtml1-strict.dtd">
4
5    <html xmlns = "http://www.w3.org/1999/xhtml">
6        <head>
7            <title>Formulario usando onfocus y blur</title>
8            <style type = "text/css">
9                .tip { font-family: sans-serif;
10                       color: blue;
11                       font-size: 12px }
12            </style>
13            <script type = "text/javascript">
14                <!--
15                var helpArray =
16                    [ "Introducir el nombre en este input box", // element 0
17                      "E-mail en este input box, " +
18                      "con el formato usuario@dominio.", // element 1
19                      "Clicar sobre el checkbox si te gusta el sitio", // element 2
20                      "En esta caja de texto puedes añadir los comentarios " +
21                      "que quieras.", // element 3
22                      "Este botón envia el formulario al " +
23                      "servidor para enviarlo.", // element 4
24                      "Este boton limpia el formulario.", // element 5
25                      "" ]; // element 6
26
27                function helpText( messageNum )
28                {
29                    document.getElementById( "tip" ).innerHTML =
30                        helpArray[ messageNum ];
31                } // fin function helpText
32                // -->
33            </script>
34        </head>
35        <body>
36            <form id = "myForm" action = "">
37                <div>
38                Nombre: <input type = "text" name = "name"
39                    onfocus = "helpText(0)" onblur = "helpText(6)" /><br />
40                E-mail: <input type = "text" name = "e-mail"
41                    onfocus = "helpText(1)" onblur = "helpText(6)" /><br />
42                Click aqui si te gusta el sitio
43                <input type = "checkbox" name = "like" onfocus =
44                    "helpText(2)" onblur = "helpText(6)" /><br />
45
46                Alg&uacute;n comentario?<br />
47                <textarea name = "comments" rows = "5" cols = "45"
48                    onfocus = "helpText(3)" onblur = "helpText(6)"></textarea>
49                <br />
50                <input type = "submit" value = "Submit" onfocus =
51                    "helpText(4)" onblur = "helpText(6)" />
52                <input type = "reset" value = "Reset" onfocus =
53                    "helpText(5)" onblur = "helpText(6)" />
54                </div>
55            </form>
56            <div id = "tip" class = "tip"></div>
57        </body>
58    </html>
```

*Código de ejemplo del uso de **onfocus** y **onblur** en un formulario*

Actividades

24. Usando el ejemplo de uso de "onfocus" y "onblur", modificar los textos para que, en vez de aparecer en la parte inferior del formulario, aparezcan al lado de cada elemento del mismo.

Procesamiento de formularios con onsubmit y onreset

Otros dos eventos muy útiles para el procesamiento de formularios son "onsubmit" y "onreset". Estos eventos se desencadenan cuando se remite o restablece un formulario.

A continuación, se muestra un ejemplo. Partiendo del formulario anterior, se añadirán las instrucciones necesarias para confirmar el envío del formulario, o poder borrar todos los campos.

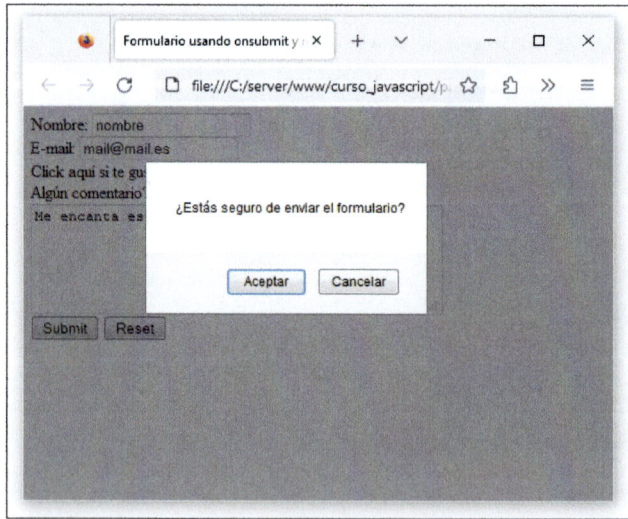

Formulario con eventos "onsubmit" y "onreset"

```
1    <?xml version = "1.0" encoding = "utf-8"?>
2    <!DOCTYPE html PUBLIC "-//W3C//DTD XHTML 1.0 Strict//EN"
3        "http://www.w3.org/TR/xhtml1/DTD/xhtml1-strict.dtd">
4
5    <html xmlns = "http://www.w3.org/1999/xhtml">
6        <head>
7            <title>Formulario usando onsubmit y reset</title>
8            <style type = "text/css">
9                .tip { font-family: sans-serif;
10                       color: blue;
11                       font-size: 12px }
12           </style>
13           <script type = "text/javascript">
14               <!--
15               var helpArray =
16                   [ "Introducir el nombre en este input box", // element 0
17                     "E-mail en este input box, " +
18                     "con el formato usuario@dominio.", // element 1
19                     "Clicar sobre el checkbox si te gusta el sitio", // element 2
20                     "En esta caja de texto puedes añadir los comentarios " +
21                     "que quieras.", // element 3
22                     "Este botón envia el formulario al " +
23                     "servidor para enviarlo.", // element 4
24                     "Este boton limpia el formulario.", // element 5
25                     "" ]; // element 6
26
27               function helpText( messageNum )
28               {
29                   document.getElementById( "tip" ).innerHTML =
30                       helpArray[ messageNum ];
31               } // fin function helpText
32
33                function registerEvents()
34                {
35                   document.getElementById( "myForm" ).onsubmit = function()
36                   {
37                       return confirm( "Estás seguro de enviar el formulario?" );
38                   } // fin anonymous function
39
40                   document.getElementById( "myForm" ).onreset = function()
41                   {
42                       return confirm( "¿Estas seguro de enviar el formulario?" );
43                   } // fin anonymous function
44               } // fin function registerEvents
45               // -->
46           </script>
47       </head>
48       <body onload = "registerEvents()">
49           <form id = "myForm" action = "">
50               <div>
51               Nombre: <input type = "text" name = "name"
52                   onfocus = "helpText(0)" onblur = "helpText(6)" /><br />
53               E-mail: <input type = "text" name = "e-mail"
54                   onfocus = "helpText(1)" onblur = "helpText(6)" /><br />
55               Click aqui si te gusta el sitio
56               <input type = "checkbox" name = "like" onfocus =
57                   "helpText(2)" onblur = "helpText(6)" /><br />
58
59               Alg&uacute;n comentario?<br />
60               <textarea name = "comments" rows = "5" cols = "45"
61                   onfocus = "helpText(3)" onblur = "helpText(6)"></textarea>
62               <br />
63               <input type = "submit" value = "Submit" onfocus =
64                   "helpText(4)" onblur = "helpText(6)" />
65               <input type = "reset" value = "Reset" onfocus =
66                   "helpText(5)" onblur = "helpText(6)" />
67               </div>
68           </form>
69           <div id = "tip" class = "tip"></div>
70       </body>
71   </html>
72
```

Código formulario onsubmit y onreset

Actividades

25. Realizar las modificaciones en el código del formulario "onsubmit" y "onreset", para que se compruebe que al enviar el formulario no hay ningún campo vacío.

10.4. Eventos de carga inicial

A continuación, se describen los eventos correspondientes a la carga inicial.

Evento onload

El evento "onload" se desencadena cuando se termina de cargar de forma satisfactoria un elemento determinado. Por norma general, este evento se suele utilizar en el elemento *body*, para iniciar la ejecución del *script* tras abrir la página web en el navegador del cliente. En el siguiente ejemplo, se invoca un evento que actualiza el reloj indicando cuántos segundos han transcurrido desde que se ha cargado el documento.

```
onload.html                    ✕
1   <?xml version = "1.0" encoding = "utf-8"?>
2   <!DOCTYPE html PUBLIC "-//W3C//DTD XHTML 1.0 Strict//EN"
3     "http://www.w3.org/TR/xhtml1/DTD/xhtml1-strict.dtd">
4
5   <html xmlns = "http://www.w3.org/1999/xhtml">
6     <head>
7       <title>onload Event</title>
8       <script type = "text/javascript">
9         <!--
10        var seconds = 0;
11
12        // funcion llamada cuando se termina de cargar
13        // la página
14        function inicioTiempo()
15        {
16          // 1000 mmilisegundos = 1 sgundo
17          window.setInterval( "actualizarTime()", 1000 );
18        } // fin function inicioTiempo
19
20        // llamada cada 1000ms para actualizar el tiempo
21        function actualizarTime()
22        {
23          ++seconds;
24          document.getElementById( "tiempo" ).innerHTML = seconds;
25        } // fin function actualizarTime
26        // -->
27      </script>
28    </head>
29    <body onload = "inicioTiempo()">
30      <p>Segundos desde que se ha cargado el documento:
31      <strong id = "tiempo">0</strong></p>
32    </body>
33  </html>
34
```

Código ejemplo evento **onload**

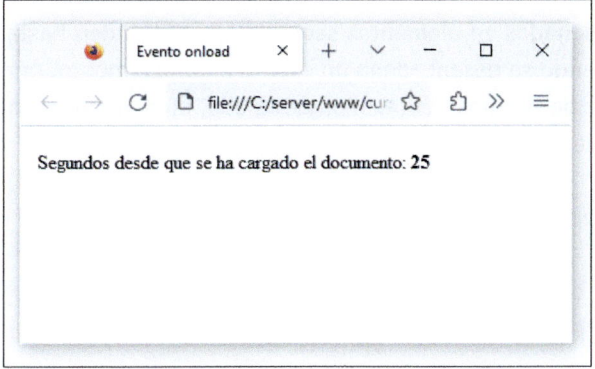

Resultado ejecución programa evento "onload"

Sabía que...

Un error habitual consiste en intentar obtener un elemento de una página antes de que se haya cargado esta. Para evitarlo, se debe que usar una función con el evento "onload" para invocar la misma.

Actividades

26. ¿Para qué se usa el evento "onload"?
27. Usando el ejemplo del evento "onload", añadir una secuencia de comandos para que, cuando el tiempo de la página esté ejecutándose durante más de 20 s, aparezca una ventana emergente de alerta, indicando que la página lleva más de 20 s en ejecución.

10.5. Delegación y propagación de eventos

La propagación y delegación de eventos es **el proceso por el cual los eventos, desencadenados en elementos secundarios, ascienden hasta su elemento principal.** Cuando se desencadena un evento en un elemento, primero se envía al controlador de eventos del mismo, y tras ello, al elemento principal de controlador de eventos.

Dependiendo del orden de los elementos, así se propagará el evento.

? Sabía que...

En una página web, es posible asociar una acción a determinados eventos mediante el uso de funciones cuando se produce un evento, como por ejemplo, pulsar una tecla, mover el ratón, etc. En caso de existir dos elementos superpuestos, las órdenes y la propagación de eventos se realizan desde el elemento más interno hacia fuera, hasta alcanzar el elemento más externo.

11. Gestión de errores

Dentro del mundo de la programación, es frecuente la necesidad de tratar con los diferentes errores que puedan surgir, tales como un paréntesis que no se ha cerrado, una variable no declarada, una función que el navegador del usuario no tiene disponible, etc. Todos estos errores son típicamente conocidos como *bugs.* De este término proviene el concepto del *debuggin,* o depuración del código.

11.1. Manejo de error <<no lenguajes de guión habilitados>> (no script)

En la actualidad, la mayoría de los navegadores web están preparados para ejecutar JavaScript. No obstante, es conveniente crear un código alternativo para aquellos navegadores que no lo soporten. Para ello, es necesario incluir una etiqueta detrás de la etiqueta **</script>**

```
<NOSCRIPT>

    Código HTML que se quiere mostrar.

</NOSCRIPT>
```

En más de una ocasión, cuando se accede a una página, es posible encontrarse con mensajes tipo "Actualice a la ultima versión de... *Flash, Java*, etc. ". Son mensajes de advertencia, que están situados entre las etiquetas **<NOSCRIPT>** y **</NOSCRIPT>**.

En realidad, los navegadores que no soportan JavaScript, tampoco soportan las etiquetas **<NOSCRIPT>**. Sin embargo, cuando en el código JavaScript se añaden los comentarios <!--, que se han visto en secciones anteriores, y como la etiqueta **<NOSCRIPT>** no contiene estos comentarios, el navegador sigue ejecutando el código HTML dentro de estas etiquetas.

En el caso de que un navegador sí soporte JavaScript, al leer la etiqueta **<SCRIPT>**, ignoraría la etiqueta **<NOSCRIPT>**.

 Actividades

28. Utilizando cualquier ejemplo de programas que usen el evento "onload", añadir las etiquetas <NOSCRIPT> y </NOSCRIPT>, con un contenido alternativo en medio de estas. Deshabilitar del navegador el uso del JavaScript, y comprobar que se muestra el contenido de las etiquetas <NOSCRIPT>.

11.2. Chequeo de errores en funciones

En las interfaces de programación de la mayoría de lenguajes que se utilizan hoy en día, se cuenta con sofisticadas herramientas de depuración del código. Estas aplicaciones permiten la ejecución de fragmentos de código erróneos, por separado, y paso a paso, con la posibilidad de incorporar ventanas para visualizar los valores de las variables que intervienen en la ejecución, introducir puntos de ruptura para detener la ejecución en caso de cumplirse una cierta condición, etc.

? Sabía que...

Mediante el uso de la función alert(), es posible mostrar en cualquier momento el contenido de aquellas variables que se están utilizando en las secuencias de comandos.

11.3. Captura de errores

Cuando el motor JavaScript ejecuta el código, pueden ocurrir errores diferentes: puede haber errores de sintaxis, de entradas incorrectas por parte del usuario, de codificación por parte del programador, etc. Cuando se produce un error, el motor de JavaScript detiene su ejecución mostrando un mensaje de error, aunque en otras ocasiones no mostrará nada.

Es recomendable capturar todas las posibilidades de error, para de esta forma asegurar una mayor estabilidad de la aplicación, al tener controlados la mayoría de casos.

Para capturar estos errores se utiliza *try* y *catch*.

try

Permite definir un bloque de código para hacer pruebas de errores mientras se ejecuta la sentencia de comandos.

catch

La sentencia *catch* permite definir un bloque de código, que se ejecutará en caso de producirse un error en el bloque *try*.

El bloque de código para utilizar estas sentencias es el siguiente:

```
try{
    //codigo de prueba de error
}
catch (err) {
    //captura del error
}
```

En el siguiente ejemplo, se muestra el uso de las sentencias *try* y *catch.*

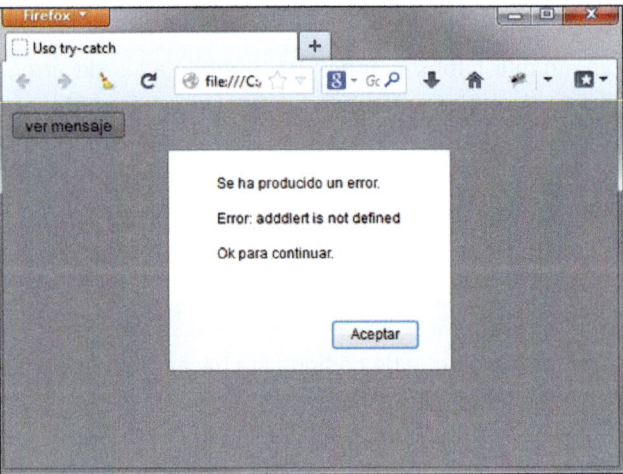

Ejemplo de uso de try-catch

```
try-catch.html                    ✖
1   <?xml version = "1.0" encoding = "utf-8"?>
2   <!DOCTYPE html PUBLIC "-//W3C//DTD XHTML 1.0 Strict//EN"
3       "http://www.w3.org/TR/xhtml1/DTD/xhtml1-strict.dtd">
4
5   <html xmlns = "http://www.w3.org/1999/xhtml">
6       <head>
7           <title>Uso try-catch</title>
8           <script type = "text/javascript">
9               <!--
10            var txt="";
11            function message()
12            {
13               try{
14                   adddlert("Bienvenido");
15               }
16               catch(err){
17                   txt = "Se ha producido un error.\n\n";
18                   txt+= "Error: " + err.message + "\n\n";
19                   txt+= "Ok para continuar.\n\n";
20                   alert(txt);
21               }
22            }
23            // -->
24
25       </script>
26   </head>
27   <body onload = "inicio()">
28       <input type="button" value="ver mensaje" onclick="message()">
29   </body>
30   </html>
```

Ejemplo de uso de try-catch

En este ejemplo, dentro del bloque de código *try,* se ha incluido un error. Una vez que el motor JavaScript detecta el error, prosigue con la sentencia *catch,* donde va a mostrar más información al respecto de ese error.

Actividades

29. ¿Cuál es el bloque de código de la sentencia *try-catch* para el manejo de errores en JavaScript?

11.4. Uso de puntos de ruptura

Un punto de ruptura es **un lugar que selecciona el programador para detener la ejecución del *software* en un entorno de pruebas,** para poder detectar fallos y errores en la programación.

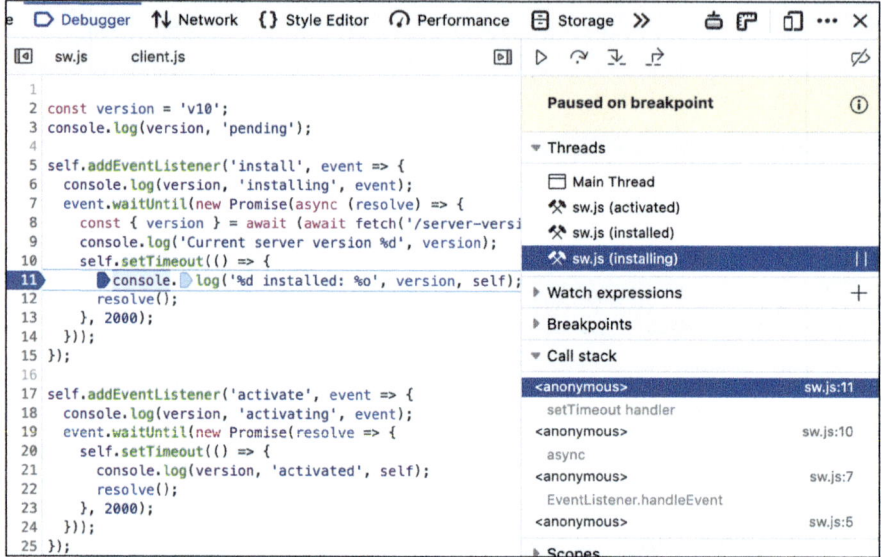

Ejemplo de punto de ruptura utilizando JavaScript Debugger

12. Usos específicos de los lenguajes de guion

Cambiar las propiedades del CSS de un elemento con JavaScript, permite ocultar o mostrar elementos, moverlos, y hacer otros cambios. Para ello, se usa el método *getElementById ( ),* que se ha visto en secciones anteriores. Sin embargo, también es posible cambiar el contenido actual de las etiquetas de un objeto. Por ejemplo, es posible realizar las siguientes acciones:

- Cambiar la visibilidad de un elemento o el estado en el que se encuentra.
- Cambiar la posición de un elemento.
- Cambiar el área activa de una región para mostrar y ocultar algunas partes de un elemento.

- Cambiar el contenido del elemento después de que la página esté cargada.
- Hacer que los objetos se muevan fluidamente por pantalla.
- Utilizar formularios de entrada para hacer cambios dinámicos.
- Permitir a los visitantes de la web mover objetos por la página.
- Crear objetos que parecen seguir al puntero del ratón por la pantalla.
- Etc.

12.1. Integración multimedia mediante lenguajes de guion

Antes del uso de HTML5, a las páginas webs se les solían añadir animaciones Flash, ya que con el uso de *Flash* se podía dotar a cualquier página web de una capacidad interactiva casi sin límites, las páginas eran mucho más dinámicas y atractivas para los usuarios. Con el uso de *Flash,* se podía reproducir contenido multimedia ya fuese vídeo o audio con un alto nivel de personalización y control. Además a todo esto *Flash* contaba con herramientas de diseño visual y facilitaban mucho la creación y edición de animaciones.

Para añadir contenido *Flash* a una página web se usaba muy frecuentemente una librería JavaScript llamada **SWFObject.** Mediante el uso de esta librería, se podía detectar la presencia de *Flash* en el navegador del usuario permitiendo mostrar contenido alternativo en el caso de que *Flash* no estuviese instalado o no fuese compatible.

A medida de que HTML 5 fue adoptado y se convirtiese en un estándar para el desarrollo web, se volvió más evidente que *Flash* presentaba muchas limitaciones y problemas. HMTL 5 introdujo una serie de características nuevas las cuales permiten la creación de animaciones y contenido multimedia directamente en el código HTML, para ello se usan lenguajes como CSS3 y JavaScript.

Con HTML 5 se pueden crear animaciones utilizando para ello las propiedades de animación que brinda CSS3, como son *'animation'* y *'keyframes'* y manipularlas usando JavaScript. Además HTML 5 introdujo la etiqueta *'<canvas>'* que permite dibujar y animar gráficos en tiempo real. Con las etiquetas

'<video>' y *'<audio>'* se puede añadir contenido multimedia sin necesidad de usar Flash.

12.2. Animaciones

Cuando la mayoría de la gente piensa en técnicas dinámicas, no piensan simplemente en mover objetos de un punto a otro, sino en hacer que los objetos se muevan por la pantalla, describiendo una línea recta o curva. Usando funciones que se ejecuten repetidamente, es posible hacer que cualquier elemento posicionado parezca deslizarse de un punto a otro de la pantalla.

Animar un objeto en línea recta es un proceso sencillo: simplemente hay que mover el objeto, incrementando su posición horizontal y/o vertical, desde la posición inicial hasta la posición final. Si las distancias horizontal y vertical no tienen el mismo valor, se necesitaría ajustar el movimiento para que este se realice en línea recta.

```
1
2    <?xml version = "1.0" encoding = "utf-8"?>
3    <!DOCTYPE html PUBLIC "-//W3C//DTD XHTML 1.0 Strict//EN"
4        "http://www.w3.org/TR/xhtml1/DTD/xhtml1-strict.dtd">
5
6    <html xmlns = "http://www.w3.org/1999/xhtml">
7        <head>
8            <title>Animar objeto círculo</title>
9            <style type = "text/css" media="Screen">
10               #animar {
11                   position: absolute; left: 200px; top:; 50px;
12               }
13           </style>
14
15           <script type = "text/javascript">
16               <!--
17               var animateSpeed = 10;
18               var object = null;
19               var cX = null;
20               var cY = null;
21               var fX = null;
22               var fY = null;
23               var sieguiente = null;
24               var radio = null;
25
26               function iniciarAnimacionCirculo (objectID, elRadio) {
27                   radio = elRadio;
28                   cX = fX = object.offsetLeft;
29                   cY = fY = object.offsetTop;
30                   siguiente = 1;
31                   animarObjetoCirtulo();
32               }
33
34               function animarObjetoCirculo() {
35                   if (siguiente < 72) {
36                       var nX = cX + (Math.cos(siguiente * (Math.PI/36)) * radio);
37                       var nY = cY + (Math.sin(siguiente * (Math.PI/36)) * radio);
38                       object.style.left = Math.round (nX) + 'px';
39                       object.style.top = Math.round (nY) + 'px';
40                       cX = nX; cY = nY; siguiente ++;
41                       setTimeout ('animarObjetoCirtulo()', animateSpeed);
42                   }else{
43                       object.style.left = fX + 'px';
44                       object.style.top = fY + 'px';
45                   }
46                   return
47               }
48                       // -->
49           </script>
50       </head>
51       <body onload = "iniciarAnimacionCirculo ('animar', 10);">
52       <div id="animar"><img src="image.gif" height="163" width="200"/></div>
53       </body>
54   </html>
55
56
```

Ejemplo animar una imagen en línea recta

También es posible animar objetos en círculo, que resulta más fácil que animar en una línea recta, ya que no hay que tener en cuenta la inclinación. En su lugar, solamente se necesita una fórmula para el radio de la circunferencia, y el script que la describa desde ese punto. En el siguiente ejemplo se muestra como animar una imagen en círculo:

```
circulo.html                    ✕
1   <?xml version = "1.0" encoding = "utf-8"?>
2   <!DOCTYPE html PUBLIC "-//W3C//DTD XHTML 1.0 Strict//EN"
3       "http://www.w3.org/TR/xhtml1/DTD/xhtml1-strict.dtd">
4
5   <html xmlns = "http://www.w3.org/1999/xhtml">
6       <head>
7           <title>Animación Círculo</title>
8
9           <style type="text/css" media="screen">
10              #circulo{
11                  position: absolute;
12                  left: 200px;
13                  top: 50px;
14              }
15          </style>
16
17          <script type = "text/javascript">
18              <!--
19              var velocidadAnimación = 10;
20              var object = null;
21              var cX = null;
22              var cY = null;
23              var fX = null;
24              var fY = null;
25              var siguiente = null;
26              var radio = null;
27
28              function inicioAnimaciónCirculo(objectID, elRadio)
29              {
30                  object = document.getElementById(objectID);
31                  radio = elRadio;
32                  cX = fX = object.offsetLeft;
33                  cY = fY = object.offsetTop;
34                  siguiente = 1;
35                  animarObjetoCirculo ();
36              }
37
38              function animarObjetoCírculo ()
39              {
40                  if (siguiente < 72 ) {
41                      var nX = cX + (Math.cos(siguiente * (Math.PI/36)) * radio);
42                      var nY = cY + (Math.sin(siguiente * (Math.PI/36)) * radio);
43                      object.style.left = Math.round(nX) + 'px';
44                      object.style.top = Math.round(nY) + 'px';
45                      cX = nX;
46                      cY = nY;
47                      siguiente ++;
48                      setTimeout('animarObjetoCírculo()', velocidadAnimacion);
49                  }else{
50                      object.style.left = fX + 'px';
51                      object.style.top = fY + 'px';
52                  }
53
54                  return;
55              }
56              // -->
57          </script>
58
59      </head>
60      <body onload = "inicioAnimacionCirculo('circulo', 10);">
61          <div id = "circulo">
62              <img src = "circulo.png" height="163" width="200" alt="Circulo"/>
63          </div>
64      </body>
65   </html>
66
```

Ejemplo animar una imagen en círculo

En el ejemplo de animar una imagen en círculo se utilizan dos funciones: en la primera, se calcula la posición inicial donde se encuentra la imagen, mediante sus coordenadas x e y (cX y cY) *inicioAnimacionCirculo(objectId, elRadio),* y se transfiere el *id* del objeto y el radio que se quiere que tenga la animación; en la segunda, la función *animarObjetoCirculo( )* comprueba si se ha realizado un círculo completo (en este ejemplo 72 pasos alrededor de la circunferencia). Si no es así, esta función calcula la próxima posición del objeto en la circunferencia, y después mueve el objeto y ejecuta la función de nuevo. Una vez que la función alcanza el valor 72, el objeto se reinicia a su posición inicial (final). De esta forma, se asegura que el objeto está exactamente colocado, para evitar que se produzcan algunas discrepancias matemáticas que lo desplacen algunos píxeles.

 Aplicación práctica

Al departamento ha llegado un cliente que posee una página web, con una imagen que quiere cambiar de sitio, pero no sabe dónde quedaría mejor. Después de varios cambios, sigue sin verlo claro, ya que unas veces le parece que está muy arriba, y otras que está muy abajo. Alguien sugiere realizar un formulario que pruebe las distintas posiciones, para que el cliente pueda verlo desde casa tranquilamente.

Realizar un formulario donde el visitante introduzca la información de las coordenadas X e Y de la imagen, haciendo que esta se desplace hasta esa posición sin tener que recargar la página.

Continúa en página siguiente >>

<< Viene de página anterior

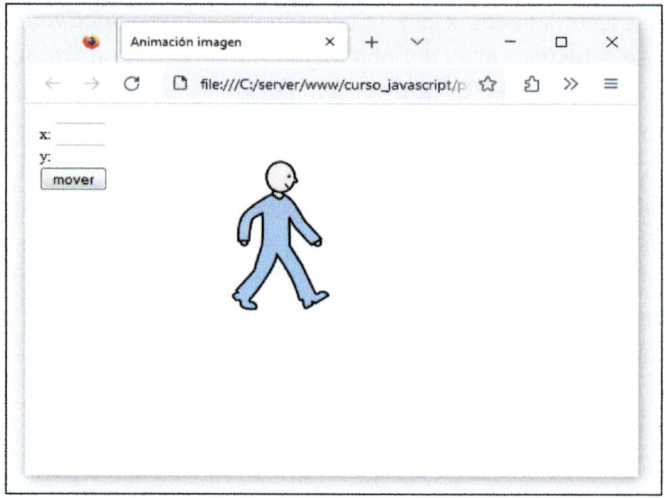

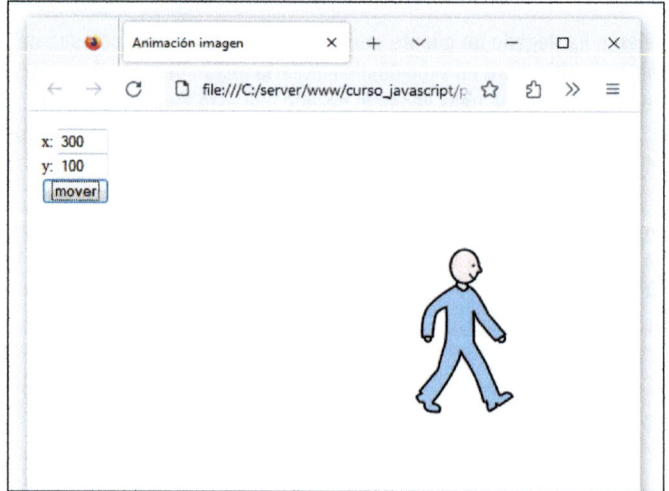

Ejecución programa práctica

Continúa en página siguiente >>

<< Viene de página anterior

SOLUCIÓN

```
◄ ►    mover-imagen.html    ✕

1    <?xml version = "1.0" encoding = "utf-8"?>
2    <!DOCTYPE html PUBLIC "-//W3C//DTD XHTML 1.0 Strict//EN"
3        "http://www.w3.org/TR/xhtml1/DTD/xhtml1-strict.dtd">
4
5    <html xmlns = "http://www.w3.org/1999/xhtml">
6        <head>
7            <title>Animación Imagen</title>
8
9            <style type="text/css" media="screen">
10               #imagen{
11                   visibility: visible;;
12                   position: absolute;
13                   left: 137px;
14                   top: 30px;
15               }
16           </style>
17
18           <script type = "text/javascript">
19               <!--
20
21               function moverObjeto (objectID, formulario)
22               {
23                   x = document.forms[formulario].valorX.value;
24                   y = document.forms[formulario].valorY.value;
25                   var object = document.getElementById(objectID);
26                   object.style.left = x + 'px';
27                   object.style.top = y + 'px';
28                   return false;
29               }
30               // -->
31           </script>
32
33       </head>
34       <body>
35           <div id = "imagen">
36               <img src = "andar.jpg" height="180" width="180" alt="Mover Imagen"/>
37           </div>
38           <div id="controles">
39               <form action="#" method="get" name="moverImagen" id="moverImagen">
40                   x:
41                   <input type="text" name="valorX" size="3"/>
42                   <br/>
43                   y:
44                   <input type="text" name="valorY" size="3">
45                   <br/>
46                   <input type="button" name="" value="mover" onclick="moverObjeto('imagen',0)">
47               </form>
48           </div>
49       </body>
50   </html>
```

Solución práctica

12.3. Efectos especiales en elementos gráficos y texto

Es posible cambiar las propiedades de un elemento a través de distintos marcos o ventanas. Estas técnicas **son los bloques,** con los que se puede crear una amplia variedad de efectos dinámicos. Se pueden cambiar las propiedades CSS de cualquier objeto, por ejemplo, crear una función que use el *id* de un objeto pasado como parámetro, y que cambie su estilo CSS.

Se creará una regla CSS para el objeto, pudiendo incluir el valor inicial de la propiedad CSS, que cambiará con la función.

```
#objeto {
    background-color: #fff;
    width: 200px;
    height: 300px;
    margin: 8px;
    padding: 8px;
}
```

Se añadirá un manejador de eventos para que dispare la función, pasándole como parámetro el *id* del objeto que se quiere cambiar, el nombre de la propiedad, y el nuevo valor.

```
onclick = "cambiaEstilo"('objeto', 'background-color, 'blue');"
```

La función que cambia la propiedad CSS

```
function cambiaEstilo (objectId, propiedadCSS, nuevoValor)
{
    var object = document.getElementById (objectId);
    object.style = style[propiedadCSS] = nuevoValor;
}
```

De igual forma, es posible cambiar la visibilidad de un objeto, su estilo de presentación, mover objetos de un lugar a otro, etc.

 Aplicación práctica

Se parte del enlace de una web, donde aparece la imagen de un peluche riéndose. Cuando se mueve el ratón por encima del mismo, aparece el motivo por el cual se ríe el peluche. Intentar replicar el script que se ha utilizado.

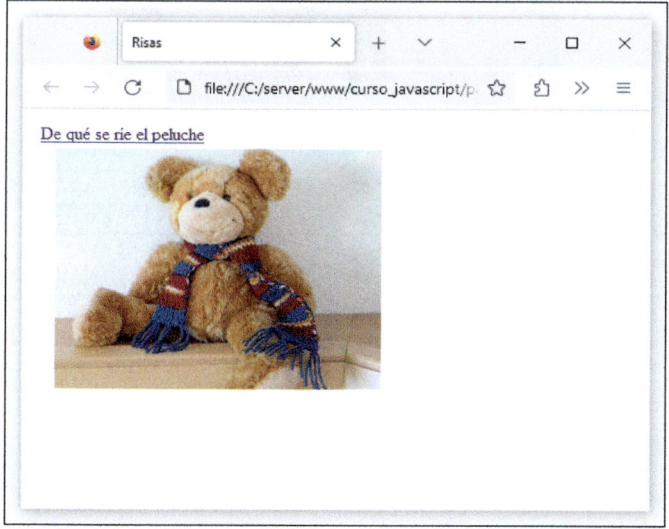

Enlace peluche

Continúa en página siguiente >>

<< Viene de página anterior

Resultado al mover el ratón

Continúa en página siguiente >>

<< Viene de página anterior

SOLUCIÓN

```
    risas.html                    ✕
 1  <?xml version = "1.0" encoding = "utf-8"?>
 2  <!DOCTYPE html PUBLIC "-//W3C//DTD XHTML 1.0 Strict//EN"
 3      "http://www.w3.org/TR/xhtml1/DTD/xhtml1-strict.dtd">
 4
 5  <html xmlns = "http://www.w3.org/1999/xhtml">
 6      <head>
 7          <title>Risas</title>
 8
 9          <style type="text/css" media="screen">
10              #imagen{
11                  position: absolute;
12                  top: 60px;
13                  left: 0px;
14                  overflow: hidden;
15                  clip: rect(15px 350px 195px 50px);
16              }
17          </style>
18
19          <script type="text/javascript">
20              function setClip (objectId, top, right, bottom, left)
21              {
22                  var object = document.getElementById(objectId);
23                  object.style.clip = 'rect('+ top + 'px ' + right + 'px ' +
24                      bottom + 'px ' + left + 'px)';
25              }
26          </script>
27
28      </head>
29      <body>
30          <div id = "imagen">
31              <img src = "risas.jpg" height="480" width="379" alt="Risas"/>
32          </div>
33          <div id="controles">
34              <a
35                  onmouseover = "setClip('imagen', 15, 320, 480, 70); return false;"
36                  onmouseout = "setClip('imagen', 15, 350, 195, 50); return false;"
37                  href = "#">De qu&eacute; se r&iacute;e el peluche</a>
38          </div>
39      </body>
40  </html>
```

Solución práctica

12.4. Rejillas de datos

Una rejilla de datos o *datagrid*, es una interfaz de usuario muy utilizada en el desarrollo web. Se usa para mostrar información en forma de tabla. La información suele ser un conjunto de registros, que se suelen mostrar en filas y columnas. Además, estas *datagrid* suelen tener incorporadas funcionalidades para la ordenación de datos, así como las opciones de edición y borrado, entre otras.

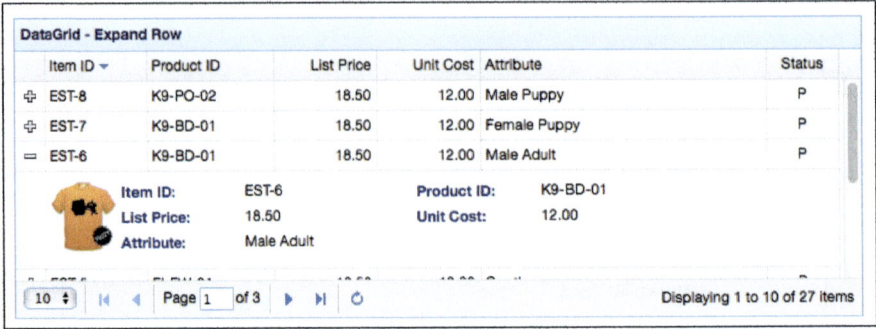

DataGrid - Expand Row					
Item ID ▾	Product ID	List Price	Unit Cost	Attribute	Status
⊕ EST-8	K9-PO-02	18.50	12.00	Male Puppy	P
⊕ EST-7	K9-BD-01	18.50	12.00	Female Puppy	P
⊖ EST-6	K9-BD-01	18.50	12.00	Male Adult	P

Item ID: EST-6 Product ID: K9-BD-01
List Price: 18.50 Unit Cost: 12.00
Attribute: Male Adult

10 ⬍ | ◀ Page 1 of 3 ▶ ▶| ↻   Displaying 1 to 10 of 27 items

Ejemplo de datagrid

Actividades

32. ¿Para qué se suele utilizar una rejilla de datos?

12.5. Manejo de canales de suscripción (RSS)

En este apartado se va a hablar de RSS, que son las siglas de *Really Simple Sindication.* Se trata de un formato XML utilizado para sindicar contenidos de sitios web, como artículos, entradas de *blogs,* críticas de productos, *podcast,* etc. Un suministro RSSW contiene un elemento raíz *rss* con un atributo *versión* y un elemento secundario *channel,* con subelementos *item.* En función de la versión del RSS, los elementos *channel* e *ítem,* tienen determinados elementos secundarios, obligatorios, y opcionales.

Logotipo RSS

Al ofrecer a los desarrolladores contenido actualizado y que se puede vincular desde otros sitios web, les ofrece una mayor cantidad de tráfico. También permite a los usuarios recibir noticias e información de diferentes fuentes de forma sencilla, y reduce el tiempo de desarrollo de contenidos. RSS simplifica la importación de información desde portales, *blogs,* y sitios de noticias. A través del RSS se puede sindicar cualquier tipo de información, no solo noticias. Tras convertir la información a formato RSS, un programa RSS, como un lector de suministros o agregador, puede comprobar si se han producido cambios en el suministro, y adoptar acciones adecuadas.

Muchos de los últimos navegadores web pueden ver suministros RSS, determinar si un sitio ofrece suministros, permitir las subscripciones, y crear listas de suministros. Los agregadores RSS controlan muchos de los suministros RSS, y agrupan información de varios de ellos.

Para que los navegadores y motores de búsqueda puedan determinar si una página web contiene un suministro RSS, se puede añadir un elemento *link* al inicio de una página, tal como se muestra a continuación:

```
<link rel = "alternate" type = "application/rss+xml" title =
"RSS" ref = "enlace">
```

 Actividades

33. Defina qué es un RSS.

12.6. Descripción de las técnicas de acceso asíncrono (AJAX)

Las aplicaciones Ajax añaden una capa entre el cliente y el servidor, para gestionar la comunicación entre ambos. Cuando el usuario interactúa con la página, el cliente crea un objeto *XMLHttpRequest* para gestionar la solicitud. Este objeto envía la solicitud al servidor, y espera la respuesta. Las solicitudes son asíncronas, de modo que el usuario puede seguir interactuando con la aplicación en el lado cliente, mientras el servidor procesa simultáneamente la solicitud anterior.

Logo Ajax

Asynchronous Javascript And XML

Cuando el servidor responde a la solicitud, el objeto *XMLHttpRequest* que ha ejecutado la solicitud, invoca una función del lado cliente para procesar los datos devueltos por el servidor. Esta función utiliza actualizaciones parciales de página, para mostrar los datos en la página web existente sin tener que cargar toda la página, y así sucesivamente. Estas actualizaciones parciales contribuyen a aumentar la capacidad de respuesta de las aplicaciones web, acercándolas a las aplicaciones de escritorio.

Diagrama uso AJAX

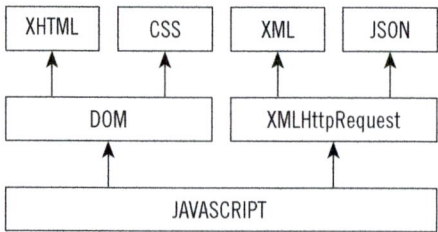

La siguiente ilustración muestra la diferencia más importante entre una aplicación web tradicional y una aplicación web creada con AJAX. La imagen superior muestra la interacción sincrónica propia de aplicaciones web tradicionales. La imagen inferior, muestra la comunicación asíncrona de las aplicaciones web creadas con AJAX.

Classic web application model (synchronous)

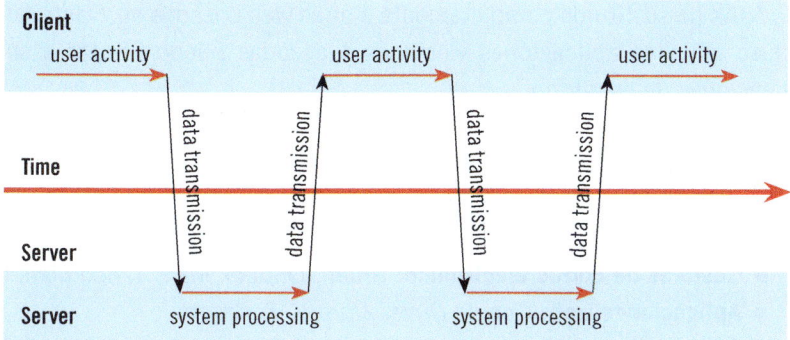

Ajax web application model (asynchronous)

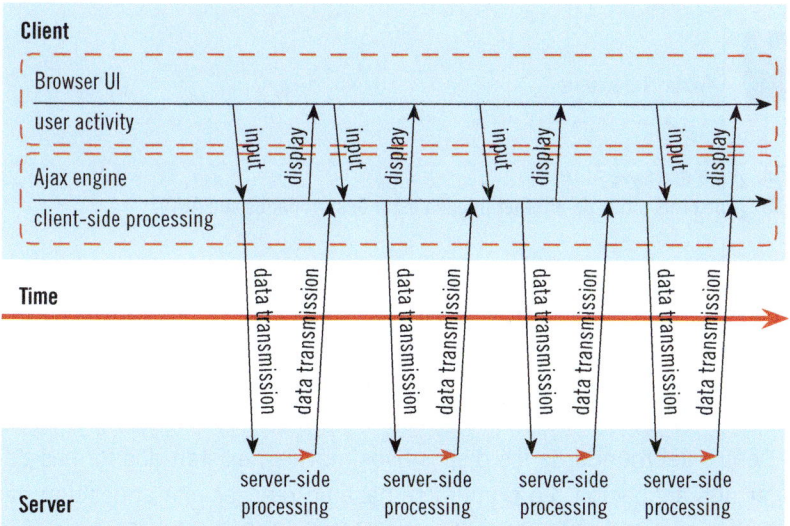

Web tradicional comparada con web basada en AJAX

Las peticiones al servidor se sustituyen por peticiones JavaScript. Aquellas peticiones más simples no requerirán intervención del servidor, y la respuesta será inmediata. En caso de que la interacción requiera de una respuesta por parte del servidor, dicha petición se realizará de forma asíncrona. En este caso, el usuario no ve interrumpida su interacción con la página, ya sea por constantes recargas de esta, o por largas esperas por la respuesta del servidor.

Hay cientos de aplicaciones web basadas en AJAX. En la mayoría de los casos, AJAX ha sustituido completamente a otras web basadas en *Flash*. Además, incluso aquellas aplicaciones web más avanzadas pueden llegar a sustituir aplicaciones de escritorio.

Algunas de las aplicaciones más conocidas que utilizan tecnología AJAX son las siguientes:

- **Gestores de correo electrónico:** *Gmail, Outlook Mail, Yahoo Mail,* etc.
- **Aplicaciones web:** *Google Drive, Zimbra, Zoho,* etc.
- **Aplicaciones de mapas:** *Google Maps, Bing Maps.*
- **Otras aplicaciones:** *Flickr, Facebook, Twitter,* etc.

 Actividades

34. ¿Para qué sirve AJAX?
35. ¿Qué otros sitios de internet pueden estar desarrollados con AJAX?

12.7. Uso de lenguajes de guion en dispositivos móviles

Dentro del mundo de los dispositivos móviles, existen dos formas de desarrollar una aplicación. La primera se basa en realizar una aplicación nativa, y la segunda en desarrollar un entorno HTML 5, CSS 3 y JavaScript.

La aplicación nativa es aquella que **funciona específicamente en el sistema operativo del dispositivo.** Sus principales ventajas son las siguientes:

- Acceso al *hardware* del dispositivo.
- Puede funcionar sin conexión a internet.
- Velocidad y estabilidad.
- Acceso a las últimas actualizaciones del sistema operativo, dotándolo de mayor funcionalidad.

Estas ventajas son importantes, pero requieren una programación específica para cada plataforma.

 Sabía que...

La mayoría de *smartphones* son compatibles con JavaScript + HTML + CSS, ya que emulan el contenido como si de una página web se tratase, lanzando una instancia de navegador, pero sin barra de direcciones.

Aplicación HTML 5, CSS 3 y JavaScript

Cuando se opta por esta tecnología de desarrollo, es posible utilizar las reglas del CSS 3, así como aprovechar las características de HTML 5 + JavaScript para controlar el comportamiento de la web o aplicación, que deberá funcionar igual en todos los dispositivos. En caso de que se adapte la web al uso de un dispositivo móvil, habrá que detectar qué navegador se está utilizando, y si detrás de ese navegador existe un ordenador o un dispositivo móvil. Dependiendo de este resultado, es posible adaptar la web a la resolución del dispositivo en cuestión. Si se opta por el desarrollo de una aplicación, también funcionaría en el navegador del dispositivo, solo que su funcionamiento es de forma embebida, es decir, aunque sea el mismo navegador, la interfaz no aparecería.

CSS 3 es la última versión del lenguaje de estilo utilizado para diseñar y dar formato a páginas webs. Introduce una variedad de nuevos selectores permitiendo seleccionar elementos de manera más precisa.

Ofrece técnicas para crear diseños flexibles y adaptables a cualquier tamaño de pantalla *(responsive)*.

CSS 3 permite crear transiciones suaves entre diferentes estados de un elemento ya sea cambios de color o de tamaño, además de proporcionar la capacidad para crear animaciones.

Estas son solamente algunas de las características que ofrece CSS 3. Hay que tener en cuenta que no todos los navegadores son compatibles con todas las características que dispone CSS 3, por lo que a veces es necesario realizar adaptaciones dependiendo del navegador de uso.

13. Entornos integrados *(frameworks)* para el desarrollo con lenguajes de guion

El objetivo de un IDE *(Integrated Development Environment)* es proporcionarle al desarrollador todo el soporte y ayuda que pueda necesitar para generar aplicaciones robustas, de forma eficiente y precisa. Igual que ocurre con cualquier otro *software* que se utilice, lo primero que influye para decidirse a desarrollar siempre en un entorno será que este suponga un beneficio. Es decir, ¿el IDE facilita la tarea de desarrollo de aplicaciones? Si es así, tiene sentido utilizar este *software* como entorno de desarrollo.

 Actividades

36. ¿Qué es un IDE y para qué se utiliza?

13.1. Características de los entornos de uso común. Comparativa

Hay una gran multitud de IDE adaptados al desarrollo JavaScript. Unos pueden ser aplicaciones por sí mismos, pudiendo ejecutarse en el propio navegador, mientras que otros pueden ser parte de aplicaciones ya existentes.

Un IDE es un **entorno de programación** compuesto por un **conjunto de herramientas para el desarrollo.** Contiene un editor de código, un compilador, un depurador y un constructor de interfaz gráfica (GUI). Estos entornos de desarrollo proveen un espacio amigable de trabajo para la mayoría de lenguajes de programación, como PHP, Java, Python, C#, etc. En algunos entornos de desarrollo, se pueden ir acoplando los distintos lenguajes de programación mediante el uso de *plugins.*

13.2. Editores avanzados

Existen muchos tipos de editores; algunos son libres y para otros hay que adquirir una licencia para su uso. A continuación, se van a citar los editores más utilizados.

PhpStorm

PhpStorm es un entorno de desarrollo (IDE) desarrollado por la compañía JetBrains. Es considerado como una de las herramientas más potentes para el desarrollo de aplicaciones PHP, ya que incluye autocompletado de código, refactorización, depuración, integración con *frameworks* populares y además soporta tecnologías web relacionadas como HMTL, JavaScript y CSS.

Cabe mencionar *WebStorm,* también de la misma compañía. Este entorno está especificado para JavaScript y sus tecnologías relacionadas.

Entorno de desarrollo PhpStorm

Visual Studio Code

Visual Studio Code es un editor de código fuente desarrollado por Microsoft, es multiplataforma y se ha vuelto muy popular entre los desarrolladores, ya que permite una alta personalización y a su vez ligera, además ha sido diseñada para admitir una amplia variedad de lenguajes de programación y tecnologías.

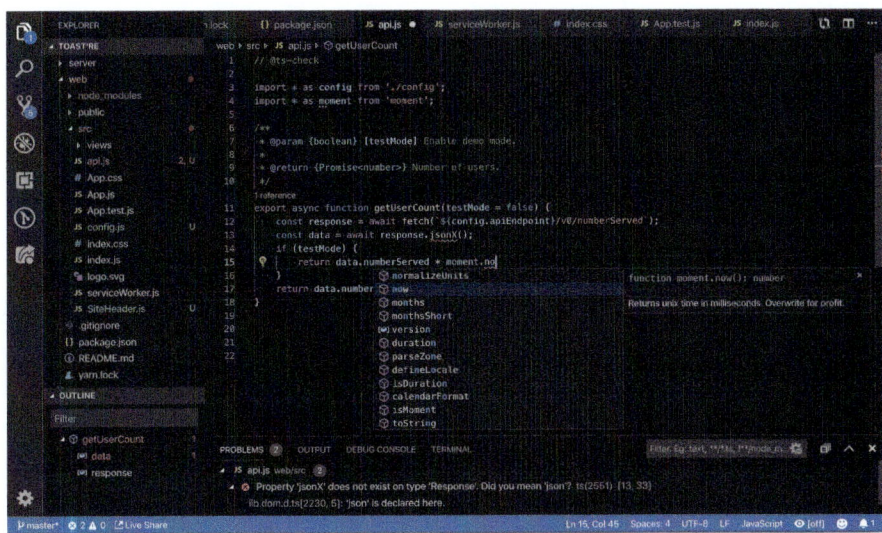

Entorno Visual Studio Code

Eclipse

Eclipse es un entorno de desarrollo de código abierto y multiplataforma, compuesto por un conjunto de herramientas para el desarrollo de aplicaciones.

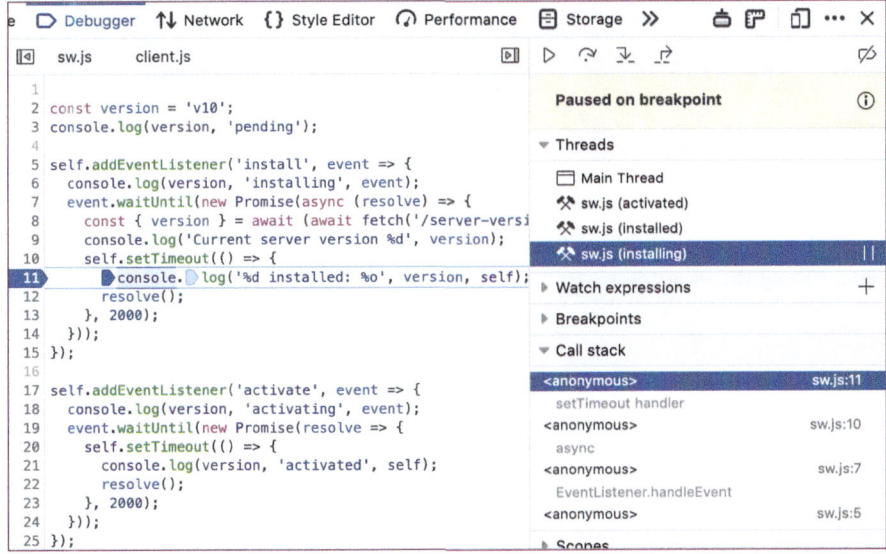

Ejemplo de punto de ruptura usando la Herramienta para desarrolladores de Firefox

Contiene una gran cantidad de *plugins* desarrollados por la comunidad, que ofrecen la posibilidad de ampliar el IDE sin tener que utilizar otro programa. Permite manipular bases de datos, añadir nuevos lenguajes de programación, herramientas de sincronización, control de versiones, etc.

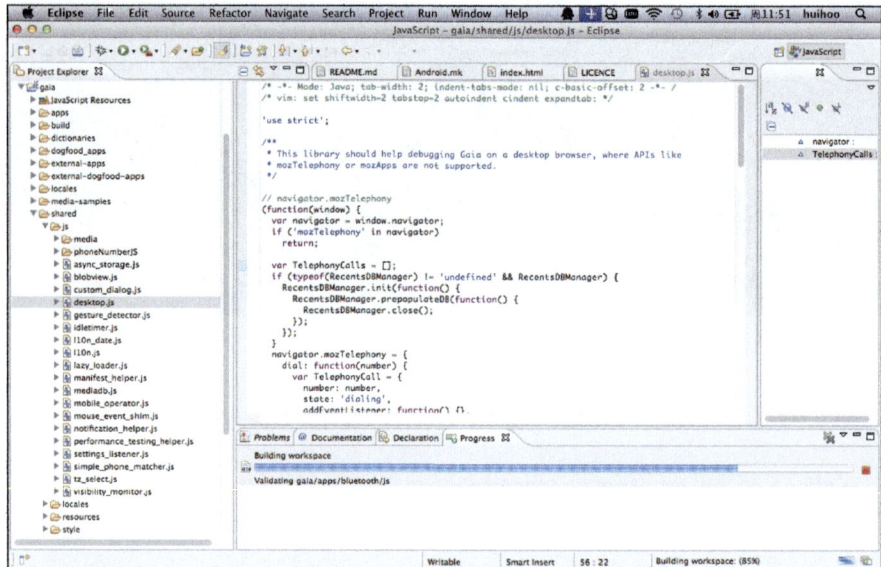

Interfaz IDE Eclipse

Netbeans

Es un entorno de desarrollo libre, orientado principalmente al lenguaje de programación Java. Pueden añadirse otros lenguajes de programación añadiéndolos mediante *plugins*. Es multiplataforma.

Logo Netbeans

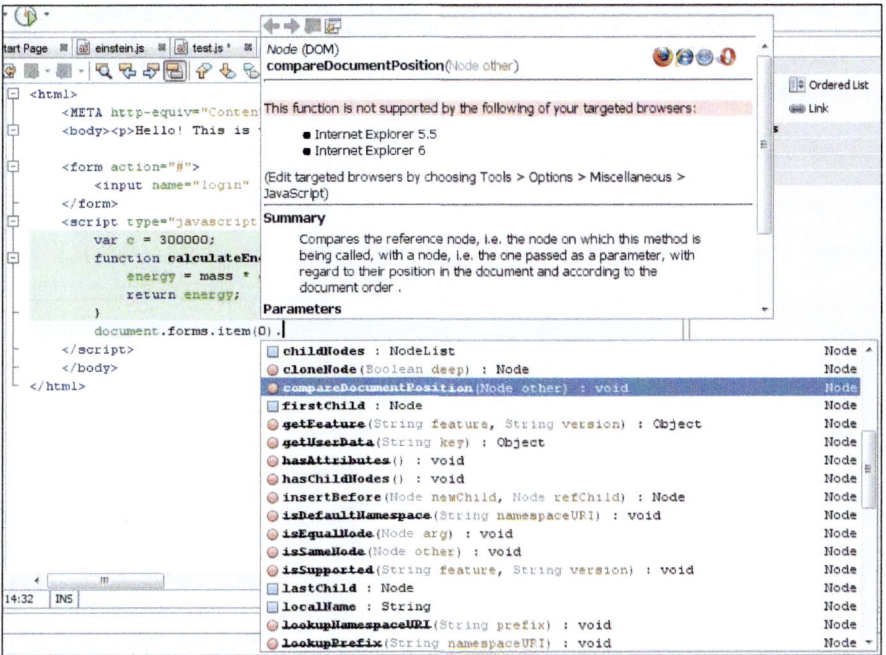

Interfaz Netbeans

Notepad ++

Notepad++ es un editor de código fuente y muy conocido, ya que se considera un sustituto del *Notepad* de *Windows.* Funciona únicamente en entornos *Windows,* y es totalmente de código abierto. Soporta el desarrollo de múltiples lenguajes de programación.

Logo Notepad ++

```
Notepad++ - D:\temp\menu_droite.php

File  Edit  Search  View  Format  Language  Settings  Macro  Run  TextFX  Plugins  Window  ?                    X

dossier_modif.php  ServeurFtp.java  change.log  slidemenu.php  menu_droite.php  menu_haut.php  haut.php

  1   <?
  2   include ("./slidemenu.php");
  3   class fileAuthor {
  4       var $title;
  5       var $author;
  6       var $email;
  7       var $fileName;
  8
  9       function fileAuthor($title, $author, $email, $fileName)
 10           {
 16   }
 17
 18   ?>
 19
 20   <script language="JavaScript">
 21
 22   <!--
 23   function MM_popupMsg(msg) { //v1.0
 24       alert(msg);
 25   }
 26   //-->
 27
 28   </script>
 29
 30    <table CELLPADDING=0 CELLSPACING=0 align="center" class=menu height="100%">
 31      <tr>
 34      <tr>
 35        <td><a href="#" onmouseover="ypSlideOutMenu.showMenu('menu2');" onmouseout=
      "ypSlideOutMenu.hideMenu('menu2')">Help N++</a></td>

PHP Hypertext Preprocessor file        nb char : 1688    Ln : 36  Col : 9  Sel : 0       Dos\Windows   ANSI    INS
```

Interfaz editor Notepad ++

Sublime Text

Este editor está ganando muchos adeptos dentro del mundo del desarrollo de aplicaciones. Sí bien es cierto que no es una herramienta gratuita, puede utilizarse sin ningún tipo de restricción, ya que la versión de pago solamente elimina una ventana emergente que aparece de forma ocasional y que insta a comprar el producto.

Logo Sublime Text

Es un cliente muy liviano y multiplataforma. Sus principales características son su gran velocidad, y el hecho de que posee muchas funcionalidades, además de ocupar muy poco espacio. Tiene la posibilidad de añadir nuevas funcionalidades, desarrolladas por su gran comunidad mediante la instalación de paquetes.

Interfaz Sublime Text

13.3. Funcionalidades de validación y depuración de código

La mayoría de editores de texto suelen incorporar herramientas para la depuración de código, así como marcar puntos de interrupción o *brakpoints*.

Desde *Visual Studio Code* el procedimiento es muy simple, para ello solamente se tienen que colocar los puntos de interrupción en la línea de código que se quieran depurar, en el menú superior se selecciona **Ejecutar** o también se puede usar el atajo de teclado [F5], de esta forma se abrirá la pestaña **Depurar** en el panel lateral. El programa se ejecutará hasta el punto de interrupción que se hubiese colocado con anterioridad, una vez examinado y solucionado los posibles problemas en el código, se pulsa sobre **Detener depuración** (normalmente un recuadro rojo) en la barra de herramientas de depuración.

Como ya se estudió, también es posible depurar el código JavaScript usando la *Herramienta para desarrolladores.* Así, una vez se esté en la pestaña **Fuentes (Sources)** se busca el archivo JavaScript que se quiera depurar. Una vez ubicado, se colocan los puntos de interrupción haciendo clic en el número de línea. Para iniciar la depuración se debe recargar la página o bien usar la tecla [F5], de esta forma se ejecutará el código JavaScript y se detendrá en los puntos de interrupción que se hayan especificado. Una vez que se detiene en cada punto de interrupción se puede examinar el estado del programa, el valor de las variables, inspeccionar la pila de llamadas y ejecutar el código paso a paso utilizando para ello los botones de control situados en la parte superior de la herramienta para desarrolladores.

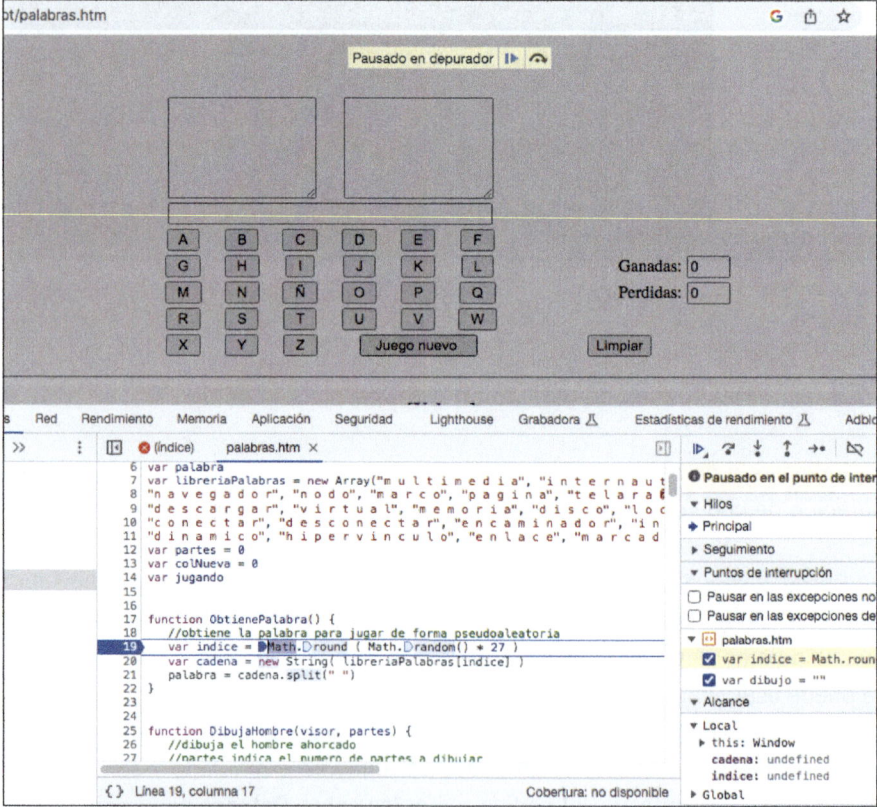

Puntos de interrupción en el navegador Chrome

13.4. Técnicas para la documentación del código

La principal técnica de documentación consiste en incluir en el código comentarios aclaratorios, de forma que se tenga una referencia en caso de que en un futuro haya que realizar un desarrollo igual o parecido y no se recuerde de qué manera se implementó.

 Actividades

37. ¿Por qué es importante documentar el código que se realiza? Razonar la respuesta.

También es posible realizar de un manual técnico y de referencia, o un manual de usuario.

13.5. Utilidades adicionales para la realización de contenidos dinámicos

Para la creación de contenidos dinámicos es posible usar lo que se conoce como un CMS, o *Content Management System*. Se refiere a sitios web que, mediante el uso de un administración de contenidos, permiten la fácil creación de contenidos, ya sean nuevas páginas, noticias, eventos, etc.

Existen CMS de muchos tipos. A continuación, se citan los más utilizados.

Joomla!

Joomla! Es una de las principales aplicaciones que impulsó en su momento el renacimiento de la web, el que fue llamado web 2.0, este término fue acuñado a principio del 2000 para describir una nueva generación de aplicaciones y sitios web que permitían una mayor interactividad y participación de usuarios.

Joomla! Logo

Joomla! apareció en escena en 2005, y desde entonces ha experimentado un notable crecimiento entre administradores y programadores web. Existen cientos de miles de sitios web *Joomla!* en todo el mundo.

Su código está escrito en su mayor parte en PHP, y se encuentra bajo la licencia GPL. En general, usa base de datos MySQL.

 Nota

La licencia GPL, o General Public License, permite instalar y usar un programa GPL en un ordenador o en tantos como se desee, sin ningún tipo de limitación, pudiendo modificar el programa para adaptarlo a las necesidades sin tener que adquirir ningún tipo de licencia.

Drupal

Es un programa de código abierto, con licencia GNU/GPL, y desarrollado en lenguaje PHP. Cumple con los estándares de la web, y se centra principalmente en la usabilidad y consistencia de todo el sistema.

Logo Drupal

Resulta idóneo para construir y gestionar comunidades en internet. No obstante, puede resultar muy adecuado para realizar muchos tipos diferentes de sitios web, debido a su flexibilidad y adaptabilidad, y a la gran cantidad de módulos adicionales se encuentran disponibles para su uso.

Wordpress

Es una plataforma de publicación personal orientada principalmente a la estética, el uso y los estándares web, así como a la usabilidad. Está desarrollada en PHP, utilizando como motor de base de datos MySQL. Es un *software* libre, y al mismo tiempo gratuito. Existe una gran comunidad de desarrolladores, que continuamente aportan nuevos complementos y temas.

Logo Wordpress

 Actividades

38. ¿Qué es, y en qué consiste un CMS?

13.6. Extensiones útiles de navegadores

La extensión principal, que va a resultar de vital importancia, es *Firebug*. Como se ha visto en capítulos anteriores, *Firebug* es una extensión pensada para programadores y desarrolladores web. Con ella se puede inspeccionar al detalle el código fuente y el funcionamiento de cualquier sitio web, localizando e incluso depurando cualquier *bug* o error.

13.7. Entorno de desarrollo específicos: desarrollo sobre dispositivos móviles

Actualmente y casi de una forma exponencial se está incrementando el desarrollo para los distintos dispositivos móviles. Si bien es cierto que es muy aconsejable para tales desarrollos de dichas aplicaciones usar el lenguaje de programación nativo para cada plataforma, también es posible el uso de distintos *frameworks* para crear aplicaciones, usando los estándares HTML5, CSS3 y JavaScript.

Se van a desarrollar las más importantes.

React Native

Es un *framework* de desarrollo de aplicaciones para móviles creado por *Facebook,* permite crear aplicaciones nativas para *Android* e *iOS* usando JavaScript y React. React está basado en la idea de componentes, donde las diferentes partes de una interfaz de usuario se dividen en componentes independientes unos de otros y que actúan de manera eficiente cuando cambian los datos. Al usar *React Native* esos componentes reutilizables proporciona acceso a las API nativas del dispositivo.

Logo React

Ionic

Ionif es un *framework* de desarrollo de aplicaciones móviles híbridas, basado en tecnologías HTML, CSS y JavaScript. Permite desarrollar aplicaciones para iOS y Android utilizando una sola base de código, de esta forma se reduce el esfuerzo y el tiempo de desarrollo, ya que no es necesario escribir un código distinto para cada plataforma. Además ofrece herramientas de desarrollo y una biblioteca de componentes, así como de interfaces de usuario (UI) que se adaptan automáticamente a las directrices de diseño nativas de cada plataforma, facilitando no obstante la creación de una interfaz de usuario atractiva y coherente en todas las plataformas compatibles.

Ionic se integra perfectamente con *React* y *Angular,* dos de los *frameworks* JavaSctipt más populares, en las últimas versiones de este framework también permite el uso de **Vue** ofreciendo una curva de aprendizaje suave en comparación con *React* o *Angular* además posee una sintaxis intuitiva y un rendimiento eficiente.

Angujar Js es un *framework* JavaScript de código abierto desarrollado por *Google,* normalmente es utilizado para construir aplicaciones webs de una sola página. Se centra en la separación del modelo de datos, la vista y la lógica de la aplicación, permitiendo una mayor modularidad y reutilización de código.

Vue JS es un *framework* JavaScript de código abierto, usado principalmente para crear interfaces de usuario, puede decirse que se trata de una "capa" añadida a JavaScript formada por distintas herramientas y que permite crear aplicaciones de forma rápida, sencilla y práctica.

Logo Ionic Framework

NativeScript

Es un *framework* de código abierto que permite crear aplicaciones móviles nativas usando JavaScript, TypeScript o Angular. Proporciona un acceso completo a las API nativas del dispositivo y permite compartir una base de código entre Android y iOS.

Logo NativeScript

Las PWA *(Progressive Web Apps)*

Las PWA son aplicaciones web que combinan características de las aplicaciones móviles nativas y las páginas web tradicionales. Dichas aplicaciones se construyen usando distintas tecnologías web como HTML, CSS y JavaScript.

A diferencia de las demás tecnologías citadas anteriormente, usando PWA no se tiene que desarrollar para los dispositivos móviles específicamente, si no que las PWA funcionan en cualquier navegador web, independientemente de si el navegador admite todas las características avanzadas, es *responsive,* esto es que se adaptan automáticamente a cualquier resolución y tamaño de pantalla, pueden funcionar sin tener una conexión activa a internet, ya que permite el uso de almacenamiento en caché y distintas tecnologías de almacenamiento local.

Las aplicaciones PWA ofrecen una experiencia de uso similar a una aplicación nativa. Es posible aprovechar funciones como las notificaciones **push,** acceso a la cámara y micrófono.

Además de todo lo citado las PWA son muy fáciles de instalar y no requieren acceder a ninguna plataforma de tienda de aplicaciones tradicional ya que solamente con un solo clic es posible acceder rápidamente a la aplicación.

Para convertir cualquier página web en una PWA solamente hay que cumplir con unos requisitos y agregar unas características necesarias.

Logotipo PWA

14. Resumen

JavaScript es un lenguaje de programación que realiza acciones dentro de una página web. Su compatibilidad con la mayoría de los navegadores actuales lo posiciona como el lenguaje de programación del lado del cliente mas utilizado.

Mediante el uso de JavaScript se puede conseguir que las páginas web sean más interactivas, ejecutando el código en el ordenador del usuario (cliente). El navegador proporciona lo que se denomina *Modelos de Objetos del Documento (DOM),* permitiendo acceder a cualquier elemento que se muestre en la página, incluyendo al propio navegador.

En JavaScript se pueden anidar diferentes sentencias de control, como por ejemplo estructuras condicionales o repetitivas.

Para utilizar las variables, estas tienes que estar declaradas previamente, es decir, haberles dado un nombre y opcionalmente un valor. Para declarar una variable, se utiliza la palabra reservada **"VAR",** seguida del nombre de la misma.

Los parámetros se utilizan para enviar valores a las funciones. Una función utilizará los parámetros para realizar una serie de acciones. Los parámetros son los valores de entrada de una función.

Los *array* en JavaScript siempre empiezan en la posición 0, por tanto un *array* que tenga 10 posiciones, tendrá casillas de la 0 a la 9. Los *array* pueden ser también multidimensionales.

Para crear una clase en JavaScript se utilizan las funciones; estas pueden llevar o no constructor (para inicializar las propiedades del objeto) y se les puede aplicar la herencia solamente a clases individuales.

El método *getElementById* de *document* es la forma más sencilla de acceder a un elemento concreto de una página.

Existe un manejador de eventos asociado a cada evento reconocido en JavaScript. Así, existen: "onAbort", "onBlur", "onClick", "onChange", "onError", "onFocus", "onLoad", "onMouseOut", "onMouseOver", "onSelect", "on-Submit" y "onUnload".

Usando funciones que se ejecuten repetidamente, es posible hacer que cualquier elemento posicionado parezca deslizarse de un punto a otro de la pantalla.

Es posible cambiar las propiedades CSS de cualquier objeto. Por ejemplo, se puede crear una función que use el ID de un objeto pasado como parámetro, y que cambie su estilo CSS.

Las aplicaciones AJAX añaden una capa entre el cliente y el servidor, para gestionar la comunicación entre ambos.

Para la creación de contenidos dinámicos es posible usar lo que se conoce como un CMS o *Content Management System*. Se refiere a sitios web que, mediante el uso de una administración de contenidos, permiten la fácil creación de contenidos, ya sean nuevas páginas, noticias, eventos, etc.

Es posible realizar aplicaciones para dispositivos móviles usando JavaScript, Actualmente existen una gran variedad de entornos de desarrollo como son *Ionic Framework, React Native* o *NativeScript* o incluso se puede adaptar la página web para convertirla en una *PWA*.

Ejercicios de repaso y autoevaluación

1. **Complete las siguientes oraciones:**

   Un *script* o _____ de _____ en el lado del cliente es un programa que puede acompañar a un documento _____ mediante un _____ externo, o incluso puede estar _____ en el propio HTML. Este _____ se ejecuta en la máquina del cliente cuando se carga el documento _____.

2. **De las siguientes oraciones, ¿cuál es verdadera y cuál es falsa?**

   a. El lenguaje de programación principal para el código por parte del cliente es ActionScript

   ☐ Verdadero
   ☐ Falso

   b. JavaScript no es un lenguaje orientado a objetos.

   ☐ Verdadero
   ☐ Falso

3. **Relacione los siguientes elementos:**

   a. Se definen tanto en el *head* como en el *body.*
   b. Se cargan con la página pero no se ejecutan hasta que el usuario realiza alguna acción.
   c. Se ejecutan al cargar la página, y van dentro del *body.*

   __ *Scripts* inmediatos.
   __ *Scripts* híbridos.
   __ *Scripts* diferidos.

4. ¿Cómo se declara una variable en JavaScript?

_____

_____

_____

_____

5. De las siguientes oraciones, ¿cuál es verdadera y cuál es falsa?

a. El objeto *math* permite realizar cálculos matemáticos.

☐ Verdadero
☐ Falso

b. El objeto *document* proporciona métodos para manipular las ventanas del navegador.

☐ Verdadero
☐ Falso

c. El objeto *window* se utiliza para manipular el documento actualmente visible en la ventana del navegador.

☐ Verdadero
☐ Falso

6. **Relacione los siguientes elementos:**

   a. Permite especificar que una secuencia de comandos repita una acción mientras una determinada condición sea cierta.
   b. Esta instrucción se utiliza cuando se conoce el número de interacciones que se van a procesar.
   c. Esta sentencia ayudará a la toma de decisiones en función de los distintos estados de una variable.
   d. Se utiliza para seleccionar entre varias acciones alternativas en un programa.

   __ Sentencia *switch*.
   __ Instrucción de repetición o bucle.
   __ Instrucción de repetición for.
   __ Instrucción de selección.

7. **Busque en la siguiente sopa de letras funciones de procesamiento de cadenas.**

O	S	T	R	I	N	G	A
R	C	E	S	I	J	E	T
E	L	R	T	S	B	U	S
P	A	P	M	P	F	E	I
L	S	O	S	L	U	L	B
A	E	N	L	I	U	T	U
C	E	O	T	T	Q	S	T
E	E	C	O	N	C	A	T

8. **Complete la siguiente oración:**

   Los *array* son _____ de datos, que se encuentran formadas por _____ de datos relacionados. Permiten guardar varias _____ _____, y acceder a ellas de forma _____. Para hacer referencia a un _____ concreto de un *array*, se especifica el _____ del mismo y el _____ de posición del _____.

9. Los *array* multidimensionales...

    a. ... no existen.
    b. ... son navegadores web.
    c. ... pueden tener dos o más subíndices.
    d. ... son como una variable.

10. ¿Cómo se utilizan a las propiedades dentro de una clase?

_____

_____

11. ¿Cómo accedemos a una propiedad fuera de la clase?

_____

_____

12. De las siguientes oraciones, ¿cuál es verdadera y cuál es falsa?

    a. *Window* realiza el seguimiento de los sitios visitados por el usuario en el navegador.

        ☐ Verdadero
        ☐ Falso

    b. *Anchor* es la colección que contiene todos los elementos ancla que tienen el atributo id o name.

        ☐ Verdadero
        ☐ Falso

    c. *Document* representa al documento HTML representado en *Windows*.

        ☐ Verdadero
        ☐ Falso

13. ¿Cuáles son los eventos más utilizados en JavaScript, y para qué sirven?

_____
_____
_____
_____
_____
_____
_____
_____

14. Relacione los siguientes elementos:

a. Es una de las principales aplicaciones que ha impulsado el renacimiento de la web. Es un gestor CMS. Existen miles de sitios creados con esta plataforma.

b. Es una plataforma orientada principalmente a la estética, así como a la usabilidad.

c. Resulta idóneo para construir y gestionar comunidades en Internet. Es una plataforma de código abierto, y se centra en la usabilidad y consistencia de todo el sistema.

__ *Drupal*
__ *Joomla!*
__ *Wordpress*

15. ¿Es posible desarrollar aplicaciones para dispositivos móviles usando lenguajes de guión?

_____
_____
_____
_____

Capítulo 5
Contenidos multimedia

Contenido

1. Introducción

El contenido multimedia en una página web se ha convertido en algo indispensable. Hace unos años, las webs constaban únicamente de varias páginas escritas en HTML, en las que se incluían imágenes y texto. Hoy en día, es normal que una aplicación web se encuentre ubicada en un servidor, que extrae información de una base de datos, y la dota de una apariencia para ser mostrada en el navegador del cliente.

El aumento de la velocidad del ancho de banda permite plantear la creación de contenidos multimedia para mostrar información en internet, no solamente basados en animaciones en *Flash,* sino que aporten información, y que sean una alternativa para aquellos usuarios que prefieran este tipo de soporte a la navegación web tradicional.

2. Definición de Multimedia. Tipos de recursos multimedia

Multimedia es un término procedente de la lengua inglesa, que se refiere a aquel contenido que utiliza varios medios simultáneamente en la transmisión de una determinada información. Una presentación multimedia puede incluir fotografías, vídeos, audio, y texto.

Este concepto se aplica a cualquier objeto o sistema que utilice múltiples medios físicos o digitales para mostrar sus contenidos. De esta forma, se hace referencia a *"**multimedios**"*. Estos medios pueden ser muy variados, desde imágenes y texto, hasta animación, sonido, vídeo, etc. También es posible clasificar como multimedia aquellos medios electrónicos que permiten almacenar y presentar contenido multimedia.

Una emisión o presentación multimedia puede emitirse en directo, o estar grabada para su posterior emisión. La difusión de estos contenidos puede realizarse a través de internet, emitirse en una pantalla, o en cualquier otro medio que permita este soporte.

En una página web también se pueden añadir contenidos multimedia, ya sean, por ejemplo, animaciones usando JavaScript y CSS o vídeos incrustados desde *YouTube.,* música de fondo, o algún contenido para su lectura. Este sería un caso de multimedia interactiva, ya que es el propio usuario quien decide cómo será mostrada la información y en qué momento se iniciará.

Se dispone de varios formatos de información multimedia:

- **Textos:** formateados, sin formatear, lineales e hipertextos.
- **Imágenes:** son archivos que muestran presentaciones visuales, como una foto. Tienden a ser ficheros muy voluminosos.
- **Gráficos:** se utilizan para representar esquemas, planos, dibujos, etc.
- **Animaciones:** permiten generar movimiento a partir de unos determinados gráficos, o crear imágenes reproducidas por segundo, para dar sensación de movimiento.
- **Vídeos:** permiten la presentación de un número de imágenes por segundo, para dar sensación de movimiento. Estas pueden ser grabadas, por ejemplo con una videocámara, o sintetizadas con algún *software* específico.
- **Sonidos:** puede ser cualquier tipo de sonido, como una narración, música, etc.

 Actividades

1. ¿Cuál es la definición de multimedia?
2. ¿De cuántos formatos de información multimedia se dispone, y para qué se usan?

3. Inclusión de contenido multimedia en páginas web

Cada vez es más frecuente la inclusión de elementos multimedia en los sitios web, pudiendo tratarse de vídeo o audio, dotando al sitio de una mejora de la atención y comprensión por parte de los visitantes.

3.1. Adaptadores para recursos multimedia

Existen varios adaptadores para reproducir elementos multimedia en una Web. A continuación, se detallan los principales.

Video.js

Es un reproductor de vídeo HTML5, destaca por su alta personalización, es extensible, permitiendo una amplia gama de formatos de vídeo. Además proporciona una robusta API y múltiples complementos para dotar a este reproductor de funcionalidades adicionales.

Apariencia del reproductor Video.js

JW Player

Es un reproductor multimedia altamente personalizable y de alto rendimiento, admite tanto audio como vídeo. Proporciona toda una amplia gama de características avanzadas, como son el *streaming* en vivo, protección de contenido y diversas analíticas.

Logo JW Player

Plyr

Es un reproductor multimedia HTML5 y como en los anteriores también es personalizable, admite tanto audio como vídeo. Proporciona una interfaz elegante y es fácil de usar con las opciones de personalización, también soporta varios formatos de vídeo.

Apariencia del reproductor Plyr

3.2. Enlace a diferentes recursos desde páginas web

Es posible realizar diferentes enlaces a distintas webs que se encarguen de alojar contenido multimedia, como pueden ser vídeos *(Youtube, Vimeo)*, o imágenes *(Imgur, Flickr, Pinterest…)*. Estos sitios web disponen de un sistema propio para embeber contenido en la web, de forma que solamente es necesario copiar el código de enlace de esta plataforma y añadirlo a donde se desee.

Para insertar una colección de fotos a modo de Widget de *Flickr,* se procedería de la siguiente forma:

- En primer lugar, acceder a *Flickr* e iniciar sesión si ya se tiene cuenta creada, en caso contrario se tendría que crear una.

■ Una vez se tengan varias imágenes subidas, en el caso de que solamente se desee mostrar una imagen, se tiene que abrir esa imagen en *Flickr* y clicar sobre el icono Exportar y aparece un cuadro de diálogo con varias opciones.

Cuadro de diálogo exportar una fotografía desde Flickr

■ Ya solo quedaría elegir si se quiere encabezado, pie de página y si se desea que sea en forma de diapositivas.

En caso de que se quiera compartir una galería completa, se debe tener seleccionado el menú **Galería.**

Menú dentro de Flickr

- En la parte derecha de **Galería** aparece un icono en forma de flecha, al clicar sobre él emerge una ventana muy parecida a la que se visualizó cuando se quería compartir una única imagen. La diferencia estriba en que permite algunas opciones menos, por ejemplo no se puede visualizar en forma de diapositiva y tampoco tener un BBCode.

 Nota

Un BBCode (Bulletin Board Code) es un conjunto de etiquetas de formato que se pueden usar para dar estilo y personalizar la apariencia de las descripciones y comentarios de las fotos y álbumes de *Flickr*.

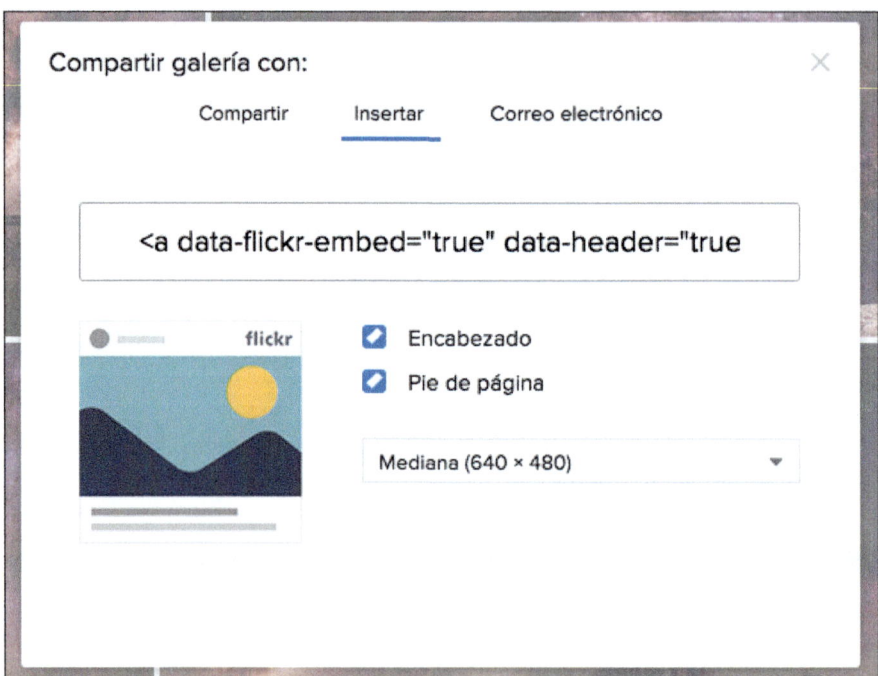

Cuadro de diálogo exportar una fotografía desde Flickr

Una vez se tengan seleccionadas las opciones de si se quiere o no encabezado o pie de página ya el código estaría listo para la galería, simplemente se tiene que seleccionar el código que se ha generado y colocarlo allí donde se desee de la página web. De esta forma ya se tendría la galería de imágenes publicada.

 Aplicación práctica

Durante unas vacaciones se ha realizado un amplio reportaje fotográfico que ahora se quiere añadir a *Flickr* para compartirlo con otros usuarios. Si se dispone de una página personal, ¿qué pasos se deben llevar a cabo para añadir la galería de *Flickr* al sitio web?

SOLUCIÓN

1. Acceder a la URL http://www.flickr.com/ y loguearse en caso de que no estarlo.
2. Clicar en la flecha de compartir galería.
3. En el cuadro de diálogo que aparece se selecciona el tamaño que se quiera y si interesa que muestre o no encabezado y/o pie de página.
4. Seleccionar el código generado.
5. Añadir el código a la web.

3.3. Incrustación de contenido multimedia

Para añadir contenido multimedia, como un vídeo, se debe buscar la opción de compartir. Por ejemplo, si se está en la plataforma *YouTube* y se ha seleccionado el vídeo que se desea compartir, simplemente se hace clic en el botón **Compartir.**

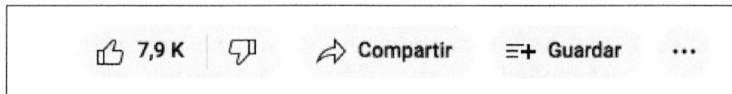

Compartir vídeo en Youtube

Así aparecerá un cuadro de diálogo con varias opciones y RRSS donde se quiere compartir el vídeo, en este caso interesa la primera opción, **Insertar.**

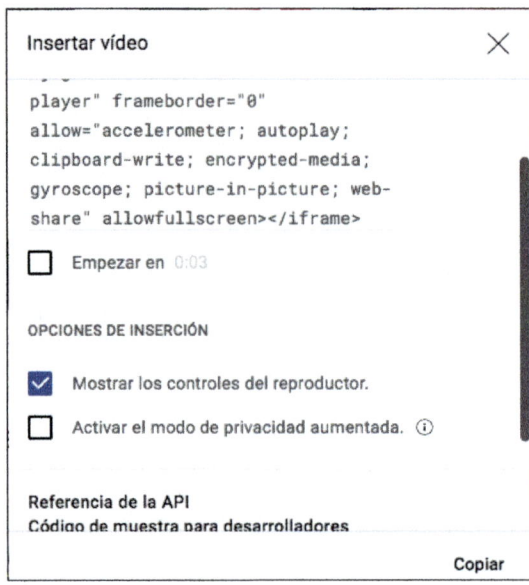

Opción insertar vídeo de Youtube

Copiando y pegando el código que se muestra en la pantalla, ya se tendría el vídeo a mostrar en nuestra web.

 Ejemplo

El siguiente ejemplo sería del código generado a la hora de insertar un vídeo de *YouTube*.

```
<iframe width="560" height="315" src="https://www.youtube.
com/embed/VIDEO_ID" frameborder="0" allow="accelerometer;
autoplay; clipboard-write; encrypted-media; gyroscope;
picture-in-picture" allowfullscreen></iframe>
```

Continúa en página siguiente >>

<< Viene de página anterior

Se reemplazaría el identificador único del vídeo de *YouTube* por VIDEO_ID, de la misma forma se cambiarían los valores width y height según se desee.

3.4. Formatos de ficheros web. El estandar MIME

MIME, o *Multiporpose Internet Mail Extensions* (extensiones multipropósito de correo de internet), **es un estándar propuesto en 1991, para expandir las capacidades limitadas del correo electrónico,** y principalmente para añadir contenido (como imágenes, texto y sonido).

Este estándar añade una serie de características al correo electrónico, tales como:

- Posibilidad de añadir múltiples adjuntos en un solo mensaje.
- Longitud ilimitada del mensaje.
- Posibilidad de usar conjuntos de caracteres que no pertenecen al código ASCII.
- Uso de texto enriquecido (colores, fuentes, diseños, etc.).
- Adjuntos binarios (ejecutables, audio, vídeo, etc.).

En los encabezados MIME, se añaden unas directivas especiales para describir el formato utilizado en el cuerpo del mensaje, de forma que el cliente de correo electrónico sea capaz de interpretarlo de forma correcta.

 Actividades

3. ¿Para qué se usa el estándar MIME en un correo electrónico?

3.5. Tipos de reproducción. Streaming y carga progresiva

Existen dos tipos de reproducción, la reproducción **vía *streaming*, y la carga progresiva.**

Reproducción Streaming

Es una tecnología que permite retransmitir archivos multimedia (audio, o audio/vídeo) a través de internet. La principal diferencia entre la carga progresiva estriba en que, para poder ver un vídeo o escuchar un audio, no hace falta descargarse el archivo completo en el ordenador, evitando el tiempo de descarga. El servidor, previa demanda, comienza a enviar fragmentos del archivo en el mismo momento en que se le solicita, y con una velocidad acorde al ancho de banda de la conexión a internet.

Puede usarse en dos escenarios:

- **Emisiones en directo:** cualquier persona con conexión a internet podrá seguir la emisión en directo.
- **Distribución de archivos multimedia pregrabados:** el archivo multimedia se encuentra almacenado en un servidor, pudiendo ser consultado por cualquier usuario con acceso a internet. Este usuario no tendrá que descargarse la totalidad del vídeo para poder verlo, sino que comenzará la reproducción en el momento en que lo solicite.

Reproducción progresiva

Al almacenar los archivos en un servidor web convencional, la descarga se realizará a través del protocolo HTTP. A este tipo de descarga se le denomina **descarga progresiva.** La descarga progresiva es el método más común para la transferencia de archivos en internet; cuando un usuario visita una página web, todos los elementos que la componen, textos e imágenes, se transfieren de esta manera.

Solo cuando se ha descargado por completo el archivo de vídeo o de audio, se podrá visionar u oír en cualquier punto del mismo.

Para reproducir un punto determinado de un vídeo hay que esperar a que dicho fragmento se haya descargado.

Se produce un gran gasto de ancho de banda, sobre todo cuando se trata de archivos de vídeo muy grandes, ya que si un usuario solo va a visionar 15 segundos de un vídeo, en caso de tener una conexión a internet muy rápida, en esos 15 s podría haber dado tiempo a descargarse el vídeo por completo. Si el usuario cambia, y visualiza otro vídeo, se ha gastado mucho ancho de banda, tan solo para visualizar 15 s de un vídeo que se ha descargado entero.

 Actividades

4. ¿Para qué sirve la descarga progresiva?
5. ¿Qué es la reproducción en *streaming?*

3.6. Comparativa del tratamiento de contenido multimedia en diferentes versiones de lenguajes de marcado de páginas

Unas de las características más importantes de la llegada del HTML5 es su soporte multimedia, que permite la reproducción de audio/vídeo con las etiquetas **<audio><video>,** mientras que con anteriores versiones de HTML, había que usar la etiqueta **<embed>.** A continuación, pueden verse algunos ejemplos:

HTML

```
<EMBED TYPE="application/x-mplayer2" SRC="mivideo.avi"
WIDTH ="287" HEIGHT="65">
```

- **Type:** efectúa la llamada, en este caso a *Media Player.*
- **Src:** indica la ruta del fichero multimedia
- **Width:** ancho en píxeles.
- **Height:** alto en píxeles.
- **Autostart:** contiene dos valores 1 (por defecto), para que se reproduzca de forma inmediata.
- **Hidden:** solo tiene un valor *(true)*. Si es así, el reproductor no se visualiza en la página web.
- **Controller:** permiten esconder o mostrar los controles de audio/vídeo, que por defecto están visibles.
- **Statusbar:** se usa para que aparezca la barra de estado.
- **Loop:** da la posibilidad de que el vídeo se reproduzca indefinidamente. Para ello consta de dos valores, *true* o *false.*
- **Clicktoplay:** permite iniciar o parar la reproducción del fichero, pulsando con el ratón sobre el reproductor.
- **Starttime:** se usa para marcar un punto de comienzo: (starttime=00:16).
- **Endtime:** se usa de la misma forma que el anterior, pero para finalizar.
- **Volumen:** ajusta el volumen de audio. Los valores oscilan entre 0 y 100.

HTML 5

```
<audio src="archivo.mp3">
</audio>
```

- **controls:** muestra los controles del reproductor de vídeo. Permite pararlo, reproducirlo, etc., solamente es necesario añadir esta etiqueta, sin más valores.
- **autoplay:** el vídeo se reproducirá de forma automática.
- **preload:** el vídeo comenzará a cargar en cuanto el usuario acceda a la página. Si se le indica *preload = "none,"* el vídeo no se cargará hasta que el usuario haga clic en el mismo para su reproducción.
- **loop:** con esta opción, el vídeo se reproducirá cíclicamente. En caso de no indicar nada, el vídeo terminará cuando termine su reproducción.
- **muted:** cuando comience a ejecutarse el vídeo, la reproducción será sin sonido.

Actividades

6. ¿Cuáles son las principales diferencias entre el tratamiento del contenido multimedia con diferentes versiones de HTML?

4. Gráficos multimedia

Existen dos tipos de gráficos utilizados en internet: **vectoriales y de mapa de bits.** Aunque las imágenes vectoriales se consideran la última tecnología, en realidad existen desde hace tiempo.

Las imágenes de mapa de bits están compuestas de píxeles, y son una de las pocas pautas de los sitios web en la actualidad.

De esta forma, un diseñador podría crear la misma imagen en un programa basado en vectores, o en un programa basado en mapa de bits. Por ejemplo, si se dibuja un círculo realizando dos tipos de gráficos distintos, utilizando uno para realizar un vector, y otro para un mapa de bits, al realizar un aumento en una esquina del círculo en ambos programas, la diferencia entre las imágenes vectoriales y la de mapa de bits es aparente.

La imagen vectorizada estaría más suavizada, mientras que la imagen de mapa de bits estaría dentada.

Cuando se observa un trozo del círculo a una escala de 100 %, las dos imágenes son muy similares. Esto se debe a que los píxeles individuales componen las diferentes tonalidades utilizadas en la imagen de mapa de bits. Las tonalidades en gris atenúan los bordes (llamados *antialiasing*), para proporcionar la ilusión de un color.

Actividades

7. ¿Qué dos tipos de gráficos son los utilizados en internet?

4.1. Formatos gráficos. Comparativa

Suponiendo que se parta de un círculo, un diseñador puede crear la misma imagen en un programa basado en vectores, como *Illustrator,* o en un programa basado en bits, como *Photoshop.* Al aumentar la esquina inferior del círculo en ambos programas, la diferencia entre las imágenes vectoriales y las de mapa de bits son más que aparentes. La imagen vectorial se verá más suavizada, mientras que la imagen de mapa de bits estará dentada.

No solo las líneas en las imágenes vectoriales son más nítidas, sino que se pueden comprimir más que las imágenes de mapa de bits, y se pueden redimensionar fácilmente, sin degradar la imagen. Sin embargo, hay dos ventajas en las imágenes de mapa de bits sobre las imágenes vectoriales:

- Las imágenes de mapa de bits comprimen y visualizan imágenes con millones de colores mucho mejor que las imágenes vectoriales.
- Las imágenes de mapa de bits son compatibles con todos los navegadores, mientras que las imágenes vectoriales requieren un *plugin* instalado en el navegador para poder visualizarse.

Muchos sitios multimedia están basados en vectores. Aunque pueden usar imágenes de mapa de bits, aunque requieren los *plugins* como el *Flash Player* para visualizarse.

Un ejemplo de gráficos basados en vectores es **SVG** (Gráficos de Vectores Escalables). Es un lenguaje que permite al diseñador crear imágenes basadas en vectores, formas vectoriales, y texto. De esta forma, en lugar de que el diseñador tenga que crear la imagen que contenga texto como una imagen tradicional, el texto ASCII puede utilizarse como propio texto. Este método no solo hace más fácil el mantenimiento, sino que también permite que los motores de búsqueda indexen el texto. Por desgracia, los gráficos SVG también requieren de un *plugin* instalado en el navegador.

 Sabía que...

Las imágenes de mapa de bits siguen siendo las imágenes que eligen los desarrolladores web. Esto no es algo que vaya a cambiar pronto; será difícil hacer que los cerca de 500 millones de usuarios web empleen un navegador que sea compatible con las imágenes vectoriales, o descarguen los plugins que sean compatibles con estas.

Portable Network Graphics (PNG)

Hay un tercer formato de archivo que puede utilizarse para las imágenes en internet: **Portable Network Graphics (PNG).** Este formato se creó para convertirse en el sustituto de los GIF, ya que estos son una tecnología de empresa.

PNG es un sistema de compresión sin pérdida, lo que significa que no se destruyen bits en una imagen cuando se utiliza. Incorpora corrección gamma, modificando la calidad de presentación para alojar diferencias entre monitores y otros dispositivos de salida. También está disponible el canal alfa, compatible con la opción de transparencia de rango completo.

Este formato es compatible con la mayoría de navegadores, pero aún no ha alcanzado a los formatos dominantes de GIF y JPG. Esto se debe a la idea errónea de que no comprime tan bien como GIF. La principal causa de su baja popularidad, viene dada principalmente porque algunos navegadores no representan correctamente estos gráficos, sobre todo al añadir transparencias.

Imagen formato PNG con transparencia

Formato JPEG y GIF

Con tanta incompatibilidad como hay entre el *software* y el *hardware* en la red, es satisfactorio saber que los formatos GIF y JPG o JPEG son totalmente compatibles con la mayoría de navegadores web. Sin embargo, es importante conocer las ventajas e inconvenientes de ambos formatos. En caso contrario, la calidad y el tamaño de las imágenes se verían seriamente comprometidos.

Archivos GIF

- Los archivos GIF soportan hasta 256 colores. Aunque no parece mucho comparado con el formato JPG, que soporta millones de colores, el formato GIF tiene sus beneficios:
- El formato GIF hace un mejor trabajo a la hora de comprimir amplias zonas de un color sólido. No solo comprimen las imágenes en menos tamaño, sino que estas aparecen más nítidas.
- Es compatible con la animación. Aunque los archivos GIF animados se han utilizado en exceso, e incorrectamente en el pasado, todavía hay maneras innovadoras y creativas de utilizarlos.
- Permite que un color en la imagen sea transparente.
- Permite paletas de colores redimensionables. Quitar colores de la paleta que la imagen está utilizando puede reducir el tamaño del archivo GIF. Si un color no se encuentra en la imagen, son datos innecesarios, y se pueden desechar sin pérdida de calidad de la imagen.

 Sabía que...

Un archivo GIF mantiene los colores originales de una imagen mejor que los JPG. Un ejemplo es un archivo en JPG que se comprime demasiado. El blanco adquiere una tonalidad rosácea en distintos monitores, interrumpiendo en muchas ocasiones el flujo constante del blanco en un diseño.

Los archivos GIF se utilizan:

- **Cuando la imagen es un dibujo lineal:** cuando se guarda una imagen con archivo GIF, se garantiza que el blanco permanecerá blanco, al contrario que con un archivo JPEG.
- **Cuando el texto se guarda como una imagen, y si no se encuentra con un fondo complejo, como una foto:** generalmente para ocupar menos espacio, se debe guardar el texto de forma separada de las imágenes, como las fotografías, que se deben guardar como JPEG. Si el texto está separado, se debe guarda como GIF, de forma que se mantenga tan nítido como en el *software* de edición de imágenes.
- **Cuando se trata de la imagen de una foto en miniatura:** dependiendo del tamaño físico de la imagen, y de cuántos colores utiliza, un archivo GIF hará que una imagen en miniatura aparezca más definida, en aproximadamente el mismo tamaño de archivo que un archivo JPEG.
- **Cuando se utilizan gráficos pequeños:** una forma de mantener un sitio web poco pesado, es utilizar y reutilizar gráficos pequeños. Debido a su tamaño, dichas imágenes deben guardarse generalmente como archivos GIF.

 Actividades

8. ¿Qué hay que tener en cuenta a la hora de usar un archivo PNG?
9. ¿En qué casos es más conveniente usar un archivo de imagen GIF?

Archivos JPEG

Aunque el formato GIF es útil para guardar imágenes con colores limitados, el formato JPEG es igual de poderoso a la hora de guardar imágenes con cientos, miles, o millones de colores. Al contrario que los beneficios múltiples del formato GIF, esta ventaja del formato JPEG lo hace muy valioso a la hora de construir sitios ensamblados.

Los archivos JPG se utilizan:

- **Para guardar una fotografía:** al contrario que ocurre con las imágenes en miniatura, o al utilizar dibujos lineales de color plano, como se mencionó en la sección GIF, todas las fotografías deben guardarse como archivos JPEG.
- **Para guardar una imagen que tenga gradaciones:** aunque no es una regla absoluta, en la mayoría de los casos, el formato JPEG comprimirá imágenes con gradaciones considerablemente mejor que el formato GIF. Esto se debe a que las gradaciones contienen muchos colores.
- **Añadir texto en la parte superior de una foto:** cuando se crea un sitio ensamblado, el objetivo es hacer que este sea lo más rápido posible. Normalmente, se guardaría el texto como un archivo GIF, y las fotografías como archivos JPEG. Sin embargo, esto no es siempre posible. Un ejemplo ocurriría cuando un diseñador guarda una imagen con texto en la parte superior de un fondo, como una foto. El problema estriba en que, si se guardó la foto como un archivo GIF para mantener el texto nítido, podrá tener un tamaño de hasta 70 Mb. Sin embargo, si toda la imagen se comprimiera como un archivo JPEG, con un tamaño menor, el texto se vería borroso y manchado. En este caso, lo primero es guardar el texto como una imagen separada con un color transparente, y añadirla en una capa sobre la imagen de fondo. La otra opción es guardarla en un archivo JPEG, pero de mayor calidad, que sería la mejor opción, pudiendo comprimirse la imagen hasta unos 15kb, sin para ello tener que comprometer demasiado la calidad del texto.

Crear, guardar y comprimir imágenes correctamente puede hacer o destruir un sitio. Hay que perseguir siempre un equilibrio entre el tiempo de carga de la página, y calidad de las imágenes utilizadas.

Formato WebP

Es un formato de los llamados de nueva generación, desarrollado por Google. Utiliza una compresión muy eficiente y avanzada para reducir el tamaño de los archivos de imagen sin tener para ello que pueda comprometer la calidad visual. *WebP* es compatible con imágenes estáticas aunque también puede admitir imágenes animadas.

Formato AVIF

Al igual que *WebP* es otro de los formatos de nueva generación. AVIF es un formato de imagen avanzado basado en el códec de vídeo AV1. Este formato ofrece una compresión aún más eficiente que el formato *WebP* y puede proporcionar una calidad visual excepcional incluso con tasas de bits muy bajas. Permite manejar una amplia gama de imágenes tanto dinámicas como estáticas, incluyendo imágenes HDR y de alta resolución.

Tanto el formato *WebP* como el formato *AVIF* han sido diseñados principalmente para reducir el tamaño de las imágenes contenidas en una web, dando como resultado tiempos de carga más rápidos y un menor consumo de ancho de banda. Aunque ambos formatos están ganando mucha popularidad y son compatibles con la mayoría de navegadores modernos, posee un punto en contra, y es que aplicaciones antiguas o navegadores más antiguos no admiten plenamente estos formatos, así que se recomienda proporcionar alternativas en otros formatos más comunes, como pueden ser JPEG o PNG, para de esta forma garantizar la compatibilidad de la mayor cantidad posible de usuarios.

 Actividades

10. Se está realizando una página web en la que hay una imagen de fondo que es una fotografía de un paisaje. ¿Sería correcto guardarla en formato GIF? ¿Por qué?
11. ¿Cuándo sería más recomendable usar un archivo JPEG?
12. Dispone de una imagen HDR en alta resolución y quiere mostrarla en su página web, ¿qué formato sería el más idóneo?, ¿por qué?

4.2. Repositorios de imágenes

Al realizar una web, aparece la necesidad de utilizar imágenes, y puede resultar difícil encontrarlas de forma gratuita, y libres de derechos de autor. En una web, aparte de un buen contenido, tanto las imágenes como el diseño son muy importantes, y es fundamental que sean de buena calidad.

Si en el sitio web se usan imágenes con poca resolución, borrosas, o mal recortadas, causará a los visitantes una mala impresión, y muy posiblemente no vuelvan a visitarlo.

Existen muchos sitios de repositorios de imágenes, también denominados **bancos de imágenes,** que se pueden encontrar de forma gratuita. En estos repositorios no solamente se pueden encontrar fotografías, sino también diseños, imágenes vectorizadas, iconos, etc.

A continuación, se mostrarán algunos de los mejores repositorios de imágenes gratuitas.

Unsplash

Unsplash es una comunidad en línea que ofrece una amplia colección de imágenes de alta calidad y de licencia libre. Las fotos son proporcionadas por una comunidad de fotógrafos y se pueden usar de forma gratuita en proyectos comerciales y personales.

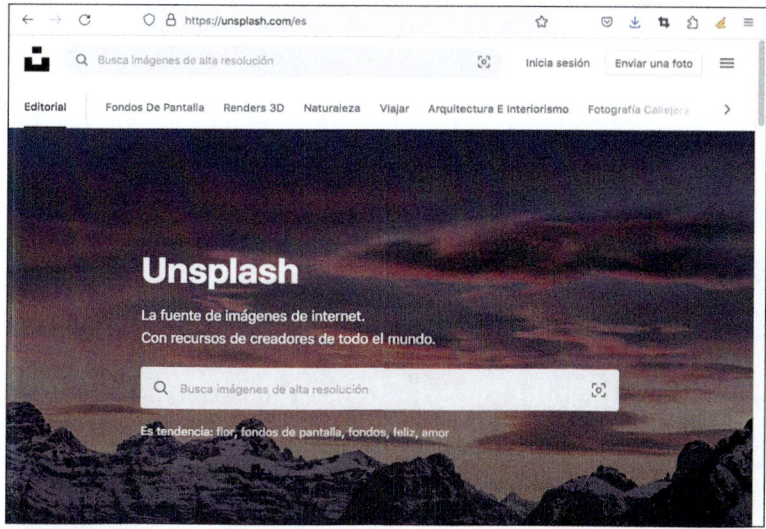

Web Unsplash

Pixabay

Pixabay es una plataforma que contiene una gran cantidad de imágenes, ilustraciones y vídeos de dominio público. Existen varias opciones de categorías y se puede utilizar sin atribución para fines tanto personales como comerciales. Cuenta con más de un millón de imágenes gratis.

Sitio web pixabay

Pexels

Pexels es un repositorio de imágenes gratuitas y de alta calidad. Cabe destacar que las imágenes son seleccionadas por un equipo interno y se pueden usar sin ningún tipo de atribución en proyectos personales y comerciales.

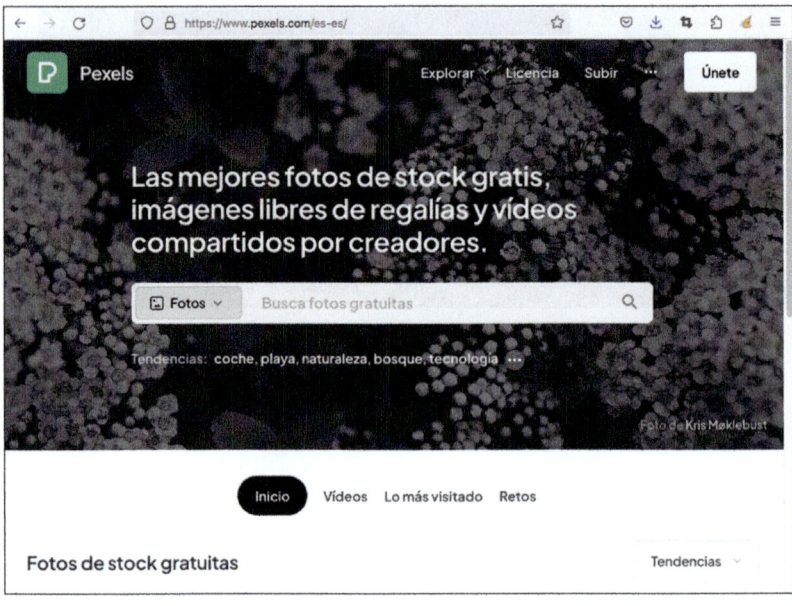

Sitio web Pexels

Freepick

Freepick es el último repositorio de imágenes en nuestra lista, pero no por ello menos importante. Ofrece una amplia gama de vectores, imágenes e ilustraciones gratuitos. Además de todos los recursos gratuitos dispone de una versión Premium que brinda acceso a contenido exclusivo.

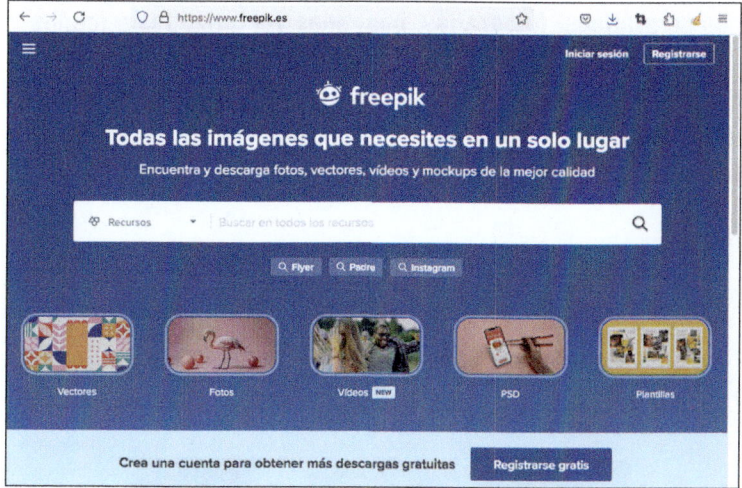

Web Freepick

Existen muchos más repositorios gratuitos, en esta lista se han incluido aquellos que se han considerado que tienen mayor calidad y variedad de imágenes que ofrecen de forma gratuita, lo que los convierte en excelentes recursos para encontrar imágenes de alta calidad así como otros recursos gráficos.

Creative Commons Free Photo Sea

Creative Commons Free Photo Sea es una plataforma que da acceso a otros repositorios de imágenes. Su utilización es muy simple, tan solo se debe especificar el término de búsqueda, además de seleccionar dónde se desea que se realicen esas búsquedas *(Europeana, Flickr, Fotopedia, Google, Google Images, Jamendo, Open Clip Art Library, SpinXpress, Wikipedia y YouTube).*

 Nota

Siempre es muy recomendable revisar las licencias y restricciones específicas de cada imagen antes de utilizarla en cualquier proyecto.

4.3. Tipos de gráficos: fotografías, imágenes vectorizadas e iconos

Existen varios tipos de gráficos: los principales son las fotografías, las imágenes vectorizadas, y los iconos. A continuación, se explica cada uno de ellos más detenidamente.

Fotografías

Las fotografías son tipos de imágenes que se obtienen con una cámara fotográfica, un *smarthphone,* o una tableta; en definitiva, cualquier medio que permita su captura.

Ejemplo fotografía

Imágenes vectorizadas

Existen programas de dibujo especializados en realizar imágenes vectorizadas, como *Adobe Illustrator.* Mediante este *software* es posible crear gráficos vectoriales, compuestos de líneas y curvas, definidas por objetos matemáticos denominados vectores.

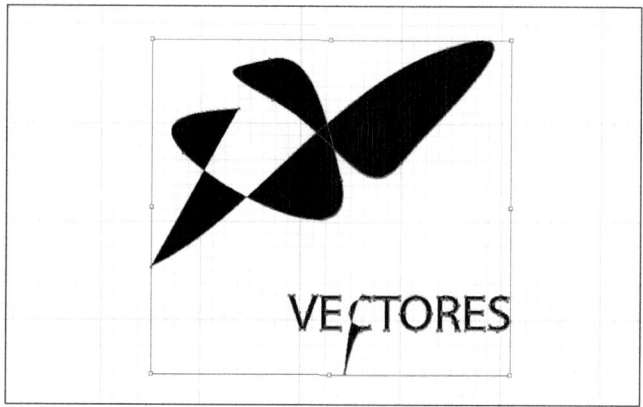

Ejemplo de diseño usando vectores

Los vectores describen los gráficos según sus características geométricas. Por ejemplo, una rueda de una carreta en un gráfico vectorial, se forma a partir de la definición matemática de un círculo, dibujado con un determinado radio, en una posición específica, y con un color de relleno concreto.

Es posible cambiar el tamaño, moverlo, y modificar el color de la rueda, sin que por ello pierda calidad el gráfico.

Un gráfico vectorial se puede escalar a cualquier tamaño, e imprimir en cualquier dispositivo, sin que el gráfico vectorial pierda precisión ni nitidez, sea cual sea la resolución del dispositivo.

En las mayoría de las pantalla de los monitores de ordenadores, las imágenes, ya sean como mapa de bits o vectoriales, se muestran como píxeles. Esto es debido a que, en los monitores, se representan las imágenes sobre una cuadrícula de bits. Al realizar un aumento de tamaño a un gráfico vectorizado, en la imagen correspondiente al vector (izquierda), no se pierde resolución, sin embargo, en la imagen de mapa de bits (derecha), se puede observar el "borde de sierra" de la figura.

Vector comparado con píxel

Existen numerosos programas para la realización de este tipo de gráficos, tales como *Photoshop,* que trabaja sobre mapas de bits. Principalmente, este tipo de *software* está más enfocado al retoque fotográfico.

Sin embargo, otros programas como *Corel Draw* o *Adobe Illustrator,* están más enfocados a trabajar con gráficos vectoriales. Estos programas son los más utilizados para crear diseños, que además se pueden guardar a su vez como imagen GIF o JPG.

 Actividades

13. ¿Qué es una imagen vectorizada?

Iconos

Un icono es una imagen de un gráfico en pequeño formato, que identifica o representa algún objeto en concreto (programa, documento, archivo, flechas de dirección, etc.). Suelen contener algún símbolo gráfico, para de esta forma establecer una asociación.

Icono Itunes   **Icono Chrome**

Varios tipos de iconos

4.4. Herramientas para el tratamiento gráfico. Filtros y tratamiento de imágenes

En la actualidad, existen muchos programas para el tratamiento de imágenes, tanto comerciales como *shareware* o libres.

Quizás los más conocidos son *Photoshop* y *Corel Draw*, pero existen otros que también resultan muy interesantes, como *GIMP* o *Pixelmator*.

El programa que se elija para realizar el trabajo gráfico depende de las necesidades y objetivos que se tengan. Es posible distinguir dos grupos:

- **Programas de tratamiento vectorial (tipo *Illustrator*):** se usan principalmente para crear y trabajar con imágenes planas, tales como los logotipos, anagramas, maquetado de revistas, folletos, etc.
- **Programas de tratamiento mapa de bits (tipo *Photshop*):** estos programas se utilizan principalmente para el tratamiento de fotografías digitales (corrección de colores, mejoras, o giros), así como para el tratamiento de imágenes previamente escaneadas, y para la mayor parte del diseño para el desarrollo de una web.

Logotipo Photoshop

Logotipo Adobe Ilustrator

Logotipo Gimp

Logotipo Pixelmator

Los filtros se emplean para limpiar o retocar las fotografías, aplicar efectos especiales que conviertan a la imagen en apariencia de bosquejo o cuadro impresionista, e incluso para crear transformaciones exclusivas, mediante distorsiones y distintos efectos de iluminación.

4.5. Conversión de formatos gráficos

Con un *software* de tratamiento de imágenes como *Photoshop,* una imagen puede ser guardada en una gran variedad de formatos distintos.

Desde la existencia de los medios gráficos, se ha buscado la forma de convertir una imagen óptica a digital, con la menor pérdida de información posible (colores, tonalidades). Si se guardasen este tipo de imágenes directamente como han sido capturadas, se crearían archivos de un gran tamaño.

Para reducir considerablemente este tamaño, se requiere eliminar aquella información que no sea relevante para la visualización de la imagen. Partiendo de esa idea, comenzaron a desarrollarse diversos métodos de compresión de archivos. Posteriormente, con la web, se hizo necesaria la creación de otros formatos, que permitieran poner a la disposición del maquetador la posibilidad de utilizar distintas imágenes en su sitio web, con una aceptable calidad, y sin que para ello se requieran unos tiempos de carga excesivos.

JPEG (extensiones .JPEG o .JPG)

Hablar de JPG en el mundo del diseño gráfico es como referirse al manejo de hojas de cálculo en el mundo contable. Este formato es el líder indiscutible, por prestación en cuanto a compresión y proliferación de uso. Se puede decir que, prácticamente la totalidad de las cámaras y escáneres digitales, tienen la posibilidad de guardar imágenes mediante este formato.

Permite reducir el espacio ocupado por una fotografía hasta proporciones de 20:1 respecto a su valor sin compresión, haciendo que sea difícil el distinguir la diferencia entre ambas en un tamaño a 100 %.

Icono Jpeg

JPEG

Tagged Image Format File (extensiones .TIFF o .TIF)

Su nombre proviene del inglés, y significa **formato de archivo de imágenes con etiquetas.** Su definición hace referencia a que esta extensión es capaz de guardar información adicional en la propia imagen.

Si se utiliza sin compresión, es totalmente compatible entre ordenadores *PC* y *Mac,* y es la mejor alternativa si se van a compartir imágenes entre ambas plataformas. Prácticamente, la totalidad de programas de retoque reconocen esta extensión. Es considerado como **el estándar en el mundo de las artes gráficas,** y puede ser la mejor opción para almacenar fotografías retocadas a alta calidad, si el espacio no es ningún problema.

Icono Tiff

Photoshop (extensión .PSD)

Es el formato nativo de *Adobe Photoshop.* Es posible guardar imágenes manteniendo una gran cantidad de información asociada, como las distintas capas, las máscaras, etc.

Existen otros programas distintos a *Adobe* que permiten abrir este tipo de extensiones y trabajar con ellas.

Icono PSD

Graphic Interchange Format (extensión .GIF)

Se traduce como **formato gráfico de intercambio.** Su principal utilidad es la creación de imágenes destinadas a la web. En secciones anteriores se ha mencionado el formato .GIF.

Png (exensión .PNG)

Este formato es el sustituto del GIF, permitiendo compresión de archivos de 24 bits sin pérdida, y ofreciendo una buena calidad de imagen. Se considera que el .PNG es su sustituto, puesto los desarrolladores del GIF habían comenzado a cobrar por su uso, mientras que el PNG no está sujeto a ninguna patente. El problema de utilizar este tipo de archivos, es que los navegadores con versiones antiguas no pueden reconocer este formato.

Bitmap de Windows (extensión .BMP)

Es el formato utilizado por los sistemas *Windows.* También es el archivo nativo del programa *Paint*, programa incluido de serie cuando se instala el sistema operativo de *Microsoft.* Presenta una calidad aceptable, aunque la relación de la calidad con el tamaño es bastante mediocre. Se utiliza para crear fondos de escritorio para *Windows.*

Wireless Bitmap (extensiones .WBM o .WBMP)

Es un tipo de archivo monocromo, utilizado por teléfonos móviles y otros aparatos similares. Ofrece una muy baja calidad, y su uso no está recomendado más allá de estos dispositivos.

Encapsulated Postcript (extensión .EPS)

Es desarrollado por *Adobe,* y permite guardar tanto imágenes de mapa de bits como gráficos vectoriales. El lenguaje Postscript es utilizado por multitud de impresoras, para comunicar determinadas características de impresión a una imagen.

Se han visto los fundamentos más relevantes sobre los formatos de archivo, y cuáles son los que se usan con más frecuencia. Para realizar la conversión de un formato a otro, la imagen debe cumplir unos requisitos propios de un determinado archivo. En caso contrario, se deberían llevar a cabo los cambios necesarios para que la imagen cumpla los requisitos del formato.

Si se abre una imagen en *Photoshop,* se accede a su menú **Guardar como,** y desde aquí es posible indicarle el formato con el que se quiere guardar.

WebP

Las últimas versiones de las principales herramientas de tratamiento gráfico incluyen este tipo de formato. Recordar que ha sido desarrollado por Google y es un formato de imagen comprimido para lo cual usa logaritmos de compresión avanzados. Ofrece una calidad visual muy alta con tamaños de archivos más pequeños en comparación a los formatos más comunes.

AVIF

A pesar de que brinda tasas de compresión más altas que el formato WebP, en el momento de escribir estas líneas no se conoce compatibilidad directa con las principales herramientas de procesamiento gráfico, a no ser que se utilice algún componente añadido.

 Actividades

14. ¿Para qué se suele usar el formato .TIFF?

5. Audio

Cuando los desarrolladores trabajan con sonido digital, disponen de dos opciones para representar y distribuir sonido en internet.

De forma muy parecida a la elección de gráficos (vectoriales y matriciales), el sonido también se puede representar de dos formas: **muestreado y sintetizado.** El sonido muestreado incluye los archivos WAV y AIFF, y a menudo se denomina sonido digital, o digitalizado. El sonido sintetizado se presenta predominantemente en archivos MIDI, ***Musical Instrument Device Interface.***

Las cualidades comparativas de los gráficos vectoriales y matriciales también se pueden utilizar como analogía de las similitudes y las diferencias entre el sonido sintetizado y el digital.

5.1. Formatos de audio. Comparativa

Dependiendo de la compresión del archivo de audio, existen diferentes tipos de formatos de audio. El *codec* es el encargado de codificar y decodificar los datos del audio, y cuenta con un formato de audio específico. La mayoría de formatos de archivos de audio solamente soportan un tipo de datos (creados con un *codec* de audio), mientras que un contenedor de formato multimedia como AVI o MKV, puede soportar múltiples tipos de datos de audio y vídeo.

 Nota

Existen un gran número de diferentes y frecuentes formatos multimedia que pretenden brindar técnicas de compresión, que reducen el tamaño de los documentos y el consumo de ancho de banda.

Hay tres grupos principales de formatos de audio, que se van a ver detenidamente a continuación.

Formatos de audio sin comprimir (WAV, AIFF, AU)

Formatos sin pérdida (formato comprimido sin pérdida) como FLAC, MPEG-4 SLS, MPEG-4 ALS, MPEG-4 DST, WabPack, Shprten, TTA, ATRAC, Apple Lossless y WMA Lossless.

Formatos con pérdida (algoritmo de compresión con pérdida) como MP3, Vorbis, Musepack, AAC, WMA y Opus.

Formatos de audio sin comprimir

Existe un formato principal sin comprimir, conocido como PCM, que normalmente está archivado con extensión .wav en entornos *Windows,* y con extensión .aiff en *Mac.* Tanto WAV como AIFF son formatos flexibles, creados para almacenar varias combinaciones de frecuencia de muestreo o tasa de bits. Esto los hace adecuados para grabaciones originales. Existe otro tipo de archivo, llamado CDA *(Audio CD Track)*, que consta de un archivo muy pequeño, que sirve de modo de acceso directo a parte de los datos de un CD.

La Unión Europea De La Radiodifusión creó un formato de audio como sucesor a WAV, llamado BWF *(Broadcast Wav Format)*, que permite el almacenamiento de meta-datos en el mismo archivo de audio. Este formato es el que usan principalmente muchos programas profesionales de edición de audio en las industrias televisivas y en el cine. Los archivos BMF contienen una referencia *timestamp* estandarizada, que permite sincronizar fácilmente con un elemento de foto separado.

Stand-alone, grabadoras multi-pista de dispositivos de audio, *Zaxcom, Fostex* y *Aaton,* utilizan BWF como su formato predeterminado.

Formatos de audio comprimido sin pérdida (Lossless)

Los formatos de audio sin pérdida son aquellos en los que se emplea un algoritmo de compresión, de forma que el audio final es igual al original.

Sin embargo, en estos archivos la música ocupa un espacio ligeramente más pequeño, y el silencio ocupa un espacio ínfimo. Estos formatos de compresión proporcionan un ratio de compresión de aproximadamente 2:1.

El desarrollo de estos formatos intenta reducir el tiempo de procesamiento, manteniendo un buen ratio de compresión.

 Nota

Si se tiene pensado convertir uno o varios archivos de audio más adelante, es recomendable comprimirlos sin pérdida, ya que convertir a un formato con pérdidas producirá archivos de menor calidad.

Formatos de audio con pérdida

En este sistema de codificación se comprimen los datos descartando partes de estos. El proceso intenta minimizar la cantidad de datos que contiene el archivo, por consiguiente reduciendo su peso, así como su calidad. En realidad, solamente se eliminan los canales no audibles para el oído humano, de forma que no atañe en demasía a la pérdida de calidad.

Los formatos de audio libres son los siguientes:

- **aiff:** formato estándar de *Apple.* Se puede considerar el equivalente al .wav de *Windows.*
- **au:** formato archivo de estándar utilizado por Sun, Java y Unix. Puede ser PCM o estar comprimido con a-law.
- **flac:** un *codec* de compresión sin pérdida (*Free Lossless Audio Codec).*
- **ogg:** archivo de audio de formato de código abierto, que apoya una variedad de *codecs*, de los cuales el más popular es el audio de *codec* Vorbis, que es similar al formato MP3.
- **mpc:** Musepac o MPC (conocido anteriormente como MPEGplus o MP+), es un formato de código abierto, especialmente optimizado para la compresión transparente de audio estéreo a una velocidad de 160-180 bits/s.
- **raw:** un archivo de audio RAW puede contener audio de cualquier *codec*, y suele ser utilizado con datos de audio PCM. Principalmente se usa para pruebas técnicas.
- **TTA:** un *codec* de audio sin pérdidas en tiempo real (*The True Audio).*
- **wav:** formato de audio utilizado principalmente en entornos *Windows.* En la práctica, se usa para contener el formato de Modulación de Código de Pulso o PCM, también usado para codificar CD de audio.
  Definición: Modulación de Código de Pulso. Es un método utilizado para representar la muestra digital de las señales analógicas. Convierte en señal digital una señal analógica.
- **Vorbis:** es el nombre de un *codec* de audio diseñado para competir no solamente con MP3, sino también con ACC. Es desarrollado por la fundación Xiph.org.
- **Opus:** *codec* digital con pérdidas, principalmente pensado para aquellas aplicaciones que usen el sonido en tiempo real como *Skype.*

Los formatos abiertos son los siguientes:

- **GSM:** *codec* utilizado por los teléfonos móviles en Europa. Los archivos GSM son ideales para la grabación de audio con calidad teléfono, tales como conversaciones telefónicas. Los archivos con formato WAV también pueden ser codificados con GSM.
- **dtc:** un *codec* variable diseñado para dictar.
- **vox:** los archivos vox son archivos de audio optimizados para almacenar datos de voz digitalizada en una frecuencia de muestreo baja. Comúnmente se utiliza en telefonía.
- **mmf:** formato de archivo creado por Samsung, utilizado en tonos de móvil.

Los formatos propietarios son los siguientes:

- **mp3:** formato MPEG layer 3, es el más popular para almacenar música de cualquier tipo. Tecnología y formato estándar, para comprimir una secuencia de sonido de un archivo preservando el nivel original de la calidad del sonido.
- **aac:** está basado en MPEG2 y MPEG4 (*Advanced Audio Codign*).
- **mp4 o m4a:** dentro del formato MPEG-4 audio, el más utilizado es ACC, pero a veces pueden usarse MP2/MP3 y MPG-4 SLS. Hay otros muchos objetos de audio pueden ser definidos en MPEG-4 audio.
- **wma:** este formato fue creado por *Microsoft* (*Windows Media Audio).* Está diseñado con habilidades de gestión de derechos digitales, para protegerlo de posibles copias.
- **ra & rm:** formato RealAudio, diseñado para el *streaming* de audio por internet.
- **ram:** un archivo ram no contiene audio, sino que contiene un archivo de texto con un enlace hacia una página web, donde se encuentra almacenado un archivo RealAudio.
- **dvf:** formato de *SONY* para archivos de voz comprimidos, que se suele utilizar en grabadoras de dictado.
- **m4p:** los archivos de audio M4P son archivos con copia protegida mediante una tecnología propietaria, en este caso desarrollada por *Apple*.

■ **MIDI:** se trata de un protocolo de comunicación, que se utiliza en una gran variedad de aplicaciones: grabación, ordenadores, presentaciones multimedia, cine, televisión, etc.

 Actividades

15. ¿En qué consisten los formatos de audio con pérdida?

5.2. Reproductores de audio. Inserción en navegadores web

Si se pretende añadir archivos sonoros a una web, bien sean en MIDI o WAV, hay que tener en cuenta que este tipo de archivos tendrán asociados un mayor tiempo de carga del sito, ya que suelen ser archivos con bastante peso.

Es posible insertar un sonido de fondo, utilizando por ejemplo un archivo MIDI, y que este se ejecute en cuanto se abra la página web:

```
<BGSOUND SRC="imagine.mid" LOOP=INFINITE>
```

También se permite la reproducción automática del archivo de audio, utilizando la siguiente instrucción:

```
<EMBED SRC="imagine.mid" AUTOSTART=true
LOOP=true VOLUME="80" WIDTH="0" HEIGHT="0">
```

 **Nota**

Cada vez que se cambie de página, el audio se perderá, puesto que está insertado solamente en una. Esto puede solucionarse, o bien abriendo una ventana aparte con la reproducción del audio, o creando un FRAME.

Estos son ejemplos no estandarizados, y posiblemente no funcionen bien en algunos navegadores, ya que hasta ahora no había ningún estándar para la reproducción de archivos de audio en páginas web.

Con la llegada de HTML5 se soluciona este problema, ya que define un nuevo elemento, que especifica un método estándar para incrustar audio en una página web: el elemento **<audio>.** A continuación, puede verse un ejemplo:

```
<audio controls>
  <source src = "horse.ogg" type = "audio/ogg">
  <source src = "horse.mp3 type = "audio/mpeg">
  Su navegador no soporta el elemento audio,
</audio>
```

El atributo control añade controles de audio, como reproducción, pausa, y volumen. También hay que añadir contenido entre las etiquetas **<audio></audio>,** para aquellos navegadores que no sean compatibles con este elemento.

Dentro de **<source>,** se pueden añadir varios elementos distintos, que se pueden vincular a diferentes archivos de audio, de forma que el navegador reproduce el primer formato que reconoce, obviando el resto.

5.3. Enlace o inserción de canales de audio

Es posible añadir o insertar enlaces a diferentes canales de audio, ya sean *podcast* o emisoras de radio que emitan *online*, e incluso archivos de audio alojados en la propia web.

Logotipo podcast

 Sabía que...

Un podcast es una especie de suscripción a un blog, pero en lugar de realizarse al contenido en texto del blog, se enlaza hacia su contenido multimedia (vídeo o audio). Permite que un usuario se suscriba, y use un programa que lo descarga para poder escucharlo cuando estime conveniente.

5.4. Conversión de formatos de audio

Existen una gran multitud de herramientas de *software* para el tratamiento y edición de archivos de audio. A continuación se detallará el uso de **MediaHuman Audio Converter.** Se encuentra disponible tanto para *macOS* como para *Windows.*

MediaHuman Audio Converter es un práctico conversor de formatos de audio, gratuito y fácil de usar, está diseñado para permitirnos convertir los archivos de audio en diferentes formatos de una forma rápida y sencilla.

Una de sus principales ventajas es su interfaz, ya que es muy intuitiva, no es necesario tener conocimientos técnicos avanzados para utilizarlo. Simplemente basta con arrastrar y soltar los archivos de audio que se deseen convertir en la ventana principal del programa.

Es compatible con una gran variedad de formatos, como WMA, MP3, AAC, WAV, FLAC, OGG, AIFF o formato de Apple sin pérdidas.

 Sabía que...

Existen algunos portales webs donde permiten la conversión de casi cualquier formato de audio o vídeo. Todo el proceso se realiza online con lo que no es necesaria la instalación de ningún tipo de *software*.

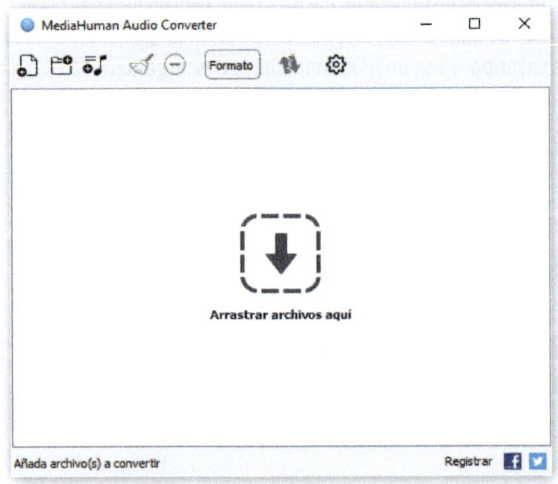

Conversor audio MediaHuman

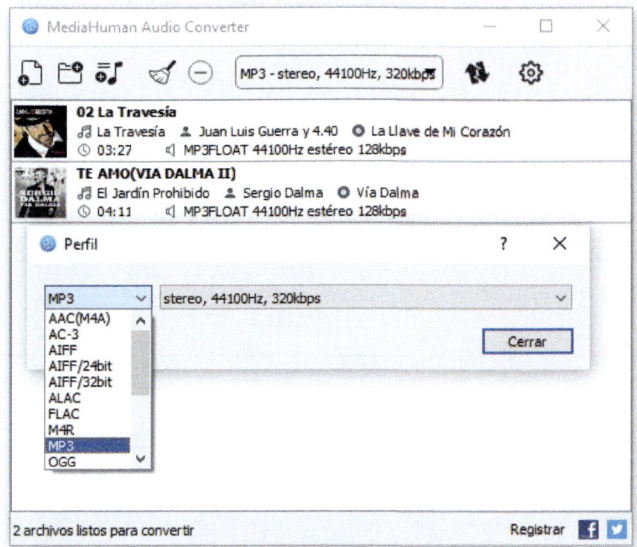

Se añaden los archivos de audio que se deseen y se selecciona el perfil al que se quiera convertir

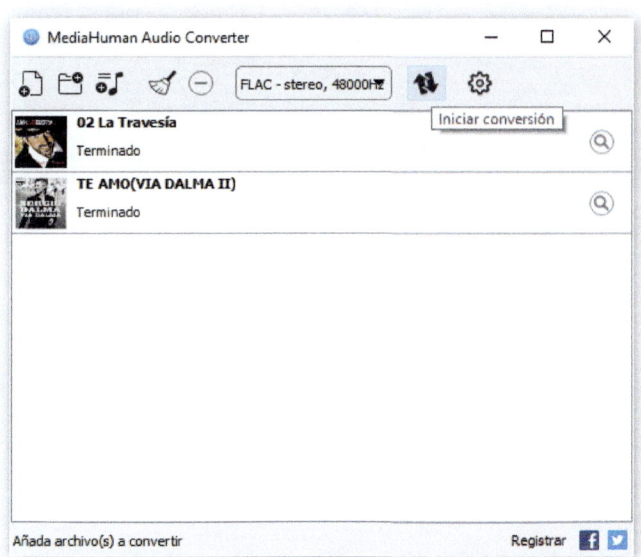

*Clicar sobre el botón **Iniciar conversión** y ya se tendrían los archivos de audio modificados.*

5.5. Herramientas para el tratamiento de sonido. Edición de fragmentos de audio

Dentro de la cantidad de distintas herramientas para la edición de sonido se puede destacar **Audacity.** Es un programa tanto de grabación como de edición de sonidos, muy fácil de usar, y que se puede encontrar en cualquier plataforma. Es de código abierto, y totalmente libre para su uso. Puede ser considerado como uno de los programas de edición de sonido más avanzados y fiable que existe en la actualidad.

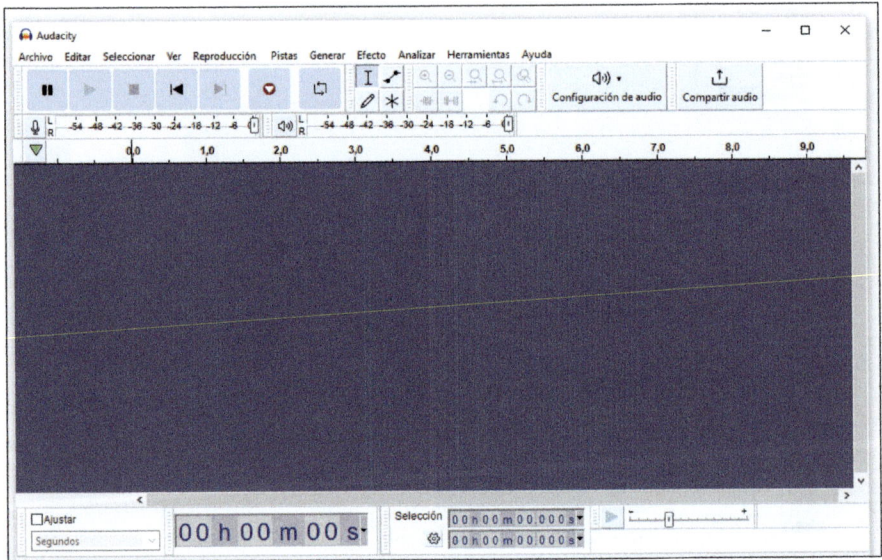

Programa Audacity

El programa ofrece una serie de opciones básicas, como son: cortar, pegar, copiar, y deshacer. En este último caso se puede deshacer la última acción de forma casi ilimitada, trabajar con varias pistas a la vez, mezclarlas, o incluso aplicar diversos efectos a los sonidos.

En cuanto a sus ventajas, las principales son las siguientes:

- Permite editar archivos Ogg Vorbis, MP3 y WAV.
- Permite convertir grabaciones analógicas a sonido digital o CD.

- Permite grabar sonidos en vivo.
- Permite cortar, pegar, y mezclar sonidos.
- Permite exportar archivos a distintos formatos.
- Ofrece distintas calidades de sonido.
- Incorpora un espectrógrafo para visualizar frecuencias.

Para seleccionar un fragmento, solamente se tendrá que seleccionarlo con el ratón pulsando el botón izquierdo y arrastrando hasta donde se necesite.

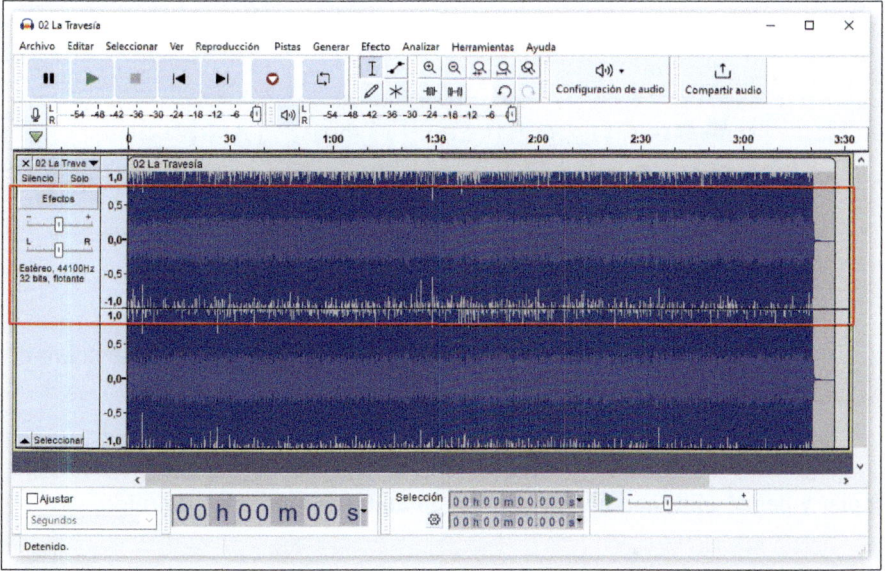

Abrir archivo audio Audacity

Se mostrará el **patrón de sonido** del archivo de audio que se haya seleccionado. Dicho patrón es como un gráfico espacio-temporal, donde se pueden observar las pausas y el sonido más continuo.

Para seleccionar un fragmento, solamente tenemos que seleccionarlo con el ratón pulsando el botón izquierdo y arrastrando hasta donde se necesite.

Haciendo clic en un punto cualquiera del patrón de sonido, se puede observar que se inserta una línea.

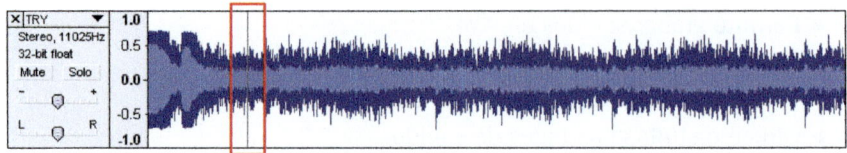

Línea dentro del patrón de sonido

Para seleccionar, se presiona la tecla **[Mayús]** y se clica en otro punto del patrón, posteriormente a la línea marcada, o bien se arrastra el puntero del ratón sin soltar.

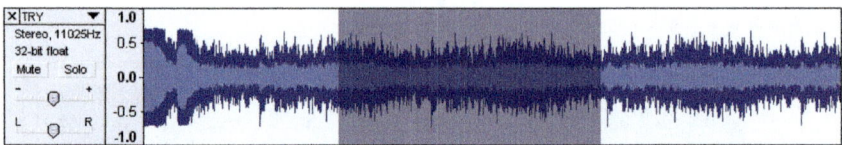

Selección fragmento audio

El espacio sombreado muestra la selección efectuada. Si se pulsa sobre el botón **Reproducir,** se oirá el fragmento seleccionado.

Llegados a este punto, se puede añadir otro fragmento, ya sea mediante **copiar y pegar, eliminar, añadir efectos de audio, eliminación de ruido,** etc.

6. Vídeo

El desarrollo de internet ha propiciado la aparición de formatos que permiten visualizar vídeos a través de la red, sin tener que para ello descargarse previamente el archivo completo. Empresas como *RealNetworks* ha creado **RealVideo** y *Microsoft* su formato correspondiente al *Windows Media Player*. Ambos permiten la distribución en tiempo real a través de internet.

6.1. Formatos de vídeo. Calidad de vídeo y comparativa

El formato de vídeo es la forma en que se guardan los datos de un archivo de vídeo, de forma que estos puedan ser interpretados por un ordenador. Un vídeo es una colección de imágenes con sonido. La información correspondiente al vídeo, y la información correspondiente al audio, suelen estar en pistas separadas, que luego se coordinan para su ejecución simultanea.

Para comprimir o descomprimir un vídeo, se suelen utilizar los denominados *codecs;* este tipo de *software* analiza los fotogramas y emplean algoritmos para comprimir sus datos.

Existen principalmente tres formatos de vídeo: *QuickTime Movie* (MOV), AVI, y el estándar MPEG.

El formato **QuickTime Movie** fue creado por *Apple,* y la primera versión de este *software* fue publicada en 1991. *Apple* siempre ha mantenido la especificación de los formatos de archivos asociados, conocidos como .mov, con libres derechos de autor, y ha sometido esta especificación como pase para MP4. Recientes versiones del *software Quick Time* dan soporte a uno de los perfiles de MPEG-4.

El formato **AVI** *(Audio Video Interleaved* o Audio y Video Intercalado), es multiplataforma, al igual que ocurre con el formato *QuickTime Movie.* el formato AVI (.avi) es un formato de archivo al que habría que especificar el vídeo y el audio, pudiendo ser estos comprimidos o sin comprimir. El formato .avi soporta la compresión de divx, Dv-pal, etc.

Los estándares MPEG *(Moving Pictures Expert Group)* que guardan relación con esta sección son: MPEG-1, MPEG-2 y MPEG-4; se trata de tres generaciones de estándares multipartes, que cubren aproximadamente el mismo ámbito.

El formato correspondiente al estándar **MPEG** *(Moving Pictures Expert Group)* produce una compresión de los datos, con una pequeña pérdida de calidad. El MPEG-1es utilizado en CD-ROM y Vídeo CD, el MPEG-2 se ha usado en los DVD de vídeo y en la televisión digital, y el MPEG-4 se usa para transmitir vídeo con un ancho de banda reducido, lo que lo convierte en un formato muy adecuado para distribuir multimedia en la web. El formato MPEG-4 es la base de actuales formatos, tales como el divx, xdiv, o el H264, siendo este último un *codec* con tal potencia, que soporta vídeos de gran formato y muy buena calidad, con anchos de banda muy reducidos.

El formato **WebM** es un formato de código abierto desarrollado por Google, utiliza el códec de vídeo VP8 oVP9 y el códec de audio Vorbis u Opus. Ofrece una buena calidad de vídeo y una compresión eficiente. Este formato es ampliamente utilizado en plataformas y navegadores que admiten el estándar HTML5.

Otro de los formatos más utilizados en la web en la actualidad es el formato **OGG,** dicho formato es de código abierto y puede contener tanto vídeo como audio. Usa el códec de vídeo Theora y el códec de audio Vorbis. Es compatible con la mayoría de navegadores y sistemas operativos, aunque su uso no es tan extendido como el MP4 o el WebM.

 Actividades

17. ¿Para qué se usa el formato MPEG?

6.2. Repositorios de vídeo

Al igual que los repositorios de imágenes, existen una gran cantidad de repositorios de vídeo; a continuación, se detallan los más utilizados.

YouTube

YouTube es un portal de internet gratuito, donde sus usuarios pueden subir y compartir vídeos. Además, cuenta con un buscador para poder buscar y localizar cualquier vídeo.

Logotipo Youtube

Este portal clasifica los vídeos de acuerdo a categorías tales como música, deportes, juegos, películas, y lo más popular en *YouTube.* También es posible aplicar una serie de filtros, como fecha de subida, duración, calidad del vídeo y relevancia. Para poder subir contenido a *YouTube,* es necesario realizar un registro. Una vez validado el usuario, se puede subir el contenido que se desee: desde vídeos o presentaciones en baja calidad, hasta realizaciones profesionales en calidad HD. También permite agrupar vídeos mediante la creación de canales personalizados, compartirlos, votarlos, y valorarlos.

Vimeo

Vimeo es una red social basada en vídeos; este portal web permite compartir y subir vídeos para que los usuarios visitantes de la página comenten cada uno de ellos. Para poder subir vídeos, los usuarios deben estar registrados, y así poder crear su perfil, cargar avatares y comentar.

La principal diferencia entre *Vimeo* y *YouTube* es que *Vimeo* no admite comerciales de televisión, ni demostraciones de videojuegos, o cualquier otro contenido que no haya sido creado por el usuario. Tiene una alta tasa de bits y resolución de sus vídeos, ofreciendo la posibilidad de visionar archivos de alta definición.

Logotipo Vimeo

Twich

Twich se ha convertido en la plataforma líder para la transmisión en vivo de contenido relacionado con el *streaming* y de videojuegos. Los usuarios pueden participar en las comunidades y chats relacionados con sus intereses. Ofrece una amplia variedad de canales pudiendo los usuarios interactuar a través de chats en vivo, seguir a sus creadores favoritos y participar en comunidades temáticas. Esta plataforma es muy conocida, ya que proporciona herramientas para que los creadores de contenido puedan monetizar sus retransmisiones.

Logotipo twich

IGTV *(Instagram* TV)

Es una plataforma de vídeo de formato largo integrada en la aplicación de *Instagram.* Permite a los usuarios ver y cargar vídeos de más larga duración en comparación al límite de tiempo que existe en Instagram.

Los vídeos de *IGTV* pueden durar hasta 10 min para la mayoría de los usuarios, incrementándose hasta los 60 min para aquellas cuentas que estén verificadas o que sean populares.

El formato de *IGTV* es el vídeo vertical, el cual está diseñado específica-mente para dispositivos móviles. Los usuarios se pueden encontrar en esta plataforma distinto contenido de diversos temas como entretenimiento, noticias, tutoriales, vlosg, etc.

Logotipo IGTV

6.3. Reproductores de vídeo. Inserción en navegadores web

Con la llegada de HTML5, insertar vídeo en una página web es muy sencillo. Una vez que el vídeo esté en el formato adecuado, es posible insertarlo en la página web con el elemento **<video>.** Su estructura es muy similar a las empleadas en imágenes, solo que en este caso se termina con una etiqueta de cierre.

```
<video src = "video/mi_video.ogg"></video>
```

La ruta del vídeo debe ser la que corresponda, en el ejemplo se guarda el vídeo dentro de una carpeta también llamada vídeo.

Importante

En el caso de que no se muestren los controles de vídeo, o si este no se reproduce, es necesario hacer clic con el botón derecho del ratón sobre este, para mostrar un menú con las opciones necesarias para corregirlo.

Se pueden probar diferentes formatos y ver cuál es el que mejor se reproduce en los navegadores. De la misma forma que cuando se inserta audio, la etiqueta **<video>** ofrece un contenido alternativo para evitar posibles errores a la hora de reproducir un vídeo en diferentes navegadores. Esta alternativa consiste en ofrecer el vídeo con varios formatos, de forma que el navegador elija y muestre el formato más adecuado.

```
<video>
  <source src = "video/mi_video.mp4" type = "video/mp4" />
  <source src = "video/mi_video.ogg" type = "video/ogg" />
  <source src = "video/mi_video.webm" type = "video/webm" />
</video>
```

Al igual que con las imágenes, en un vídeo se puede definir tanto su altura como su anchura, utilizando los valores *width* y *height*.

De esta forma se indica al navegador el espacio que debe destinar para la reproducción del vídeo.

De igual modo, es posible añadir otra serie de parámetros que pueden resultar útiles para la reproducción de vídeo:

- **controls:** muestra los controles del reproductor de vídeo, tales como parar, reproducir, etc. Solamente hay que añadir esta etiqueta, sin más valores.
- **autoplay:** el vídeo se reproducirá de forma automática.
- **preload:** el vídeo comenzará a cargar en cuanto el usuario acceda a la página. Si se le indica *preload = "none",* el vídeo no se cargará hasta que el usuario haga clic en el mismo para su reproducción.
- **loop:** con esta opción el vídeo se reproducirá cíclicamente. En caso de no indicar nada, el vídeo terminará cuando finalice su reproducción.
- **muted:** cuando comience a ejecutarse el vídeo, este lo hará sin sonido.

 Nota

La mayoría de estos parámetros son valores booleanos, que indican si están activos o no. Si se añade el parámetro significa que está activo y si no, será lo contrario.

Actividades

18. ¿Qué instrucciones se deberían añadir al código HTML para que un vídeo con varios formatos se reproduzca en el mayor número de navegadores posibles, muestre los controles, se precargue, pero no se reproduzca hasta que el usuario pulse el botón de reproducción?

6.4. Enlace o inserción de canales de vídeo

Una vez se tenga seleccionado el vídeo de un portal web como *Youtube, Vimeo,* o cualquiera de características similares, se procede a insertar el contenido externo en la página web. Existen una serie de ventajas en cuanto al uso de subir vídeos a un espacio web:

- No se ocupa espacio en el servidor propio, ni tampoco se consumirá ancho de banda, ya que el contenido está alojado en otro servidor.
- Al ser servidores especializados, ofrecen una mayor velocidad de carga y descarga, así los vídeos se reproducen de forma mucho más fluida.
- Cualquier modificación en el vídeo se mostrará inmediatamente en la página, sin necesidad de efectuar ningún cambio.

Para insertar un vídeo de *YouTube* en una web, se utiliza la etiqueta **<iframe>**. Técnicamente, se trata abrir una pequeña ventana dentro de la página web. Otra opción es utilizar el elemento **<object>,** que funciona de forma similar. *Youtube* provee la forma en la que se va a compartir el contenido, así que no hay por qué preocuparse, y solamente habrá que pegar el código HTML que genere el servidor.

 Actividades

19. ¿Qué pasos se deben seguir para insertar un vídeo de YouTube en una página web?

6.5. Conversión de formatos de vídeo. Optimización

Existen una gran variedad de herramientas que permiten la conversión de vídeos a diversos formatos.

Por ejemplo, **Format Factory.** Este *software* es un convertidor de formatos, compatible con *smarthphones,* PSP, PS3 y *iPod.* Ayuda a convertir cualquier archivo, ya sea de audio, vídeo, o imagen a otro formato.

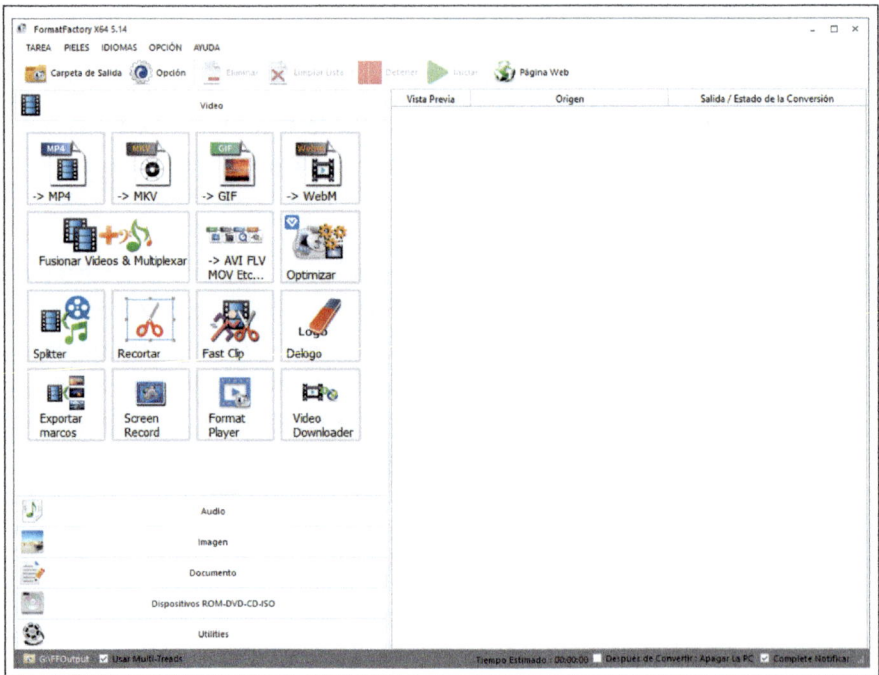

Programa Format Factory

Su utilización es muy simple. Se puede realizar todo el proceso de conversión con muy pocos clics. En la columna de la izquierda se selecciona el tipo del contenido, seguidamente se añaden los archivos originales, y por último, se elige el perfil de conversión. Una vez realizados estos pasos, se clica sobre el botón **Inicio,** y el programa se encarga de lo demás.

Con *Format Factory* es posible cambiar la resolución de un vídeo, o su extensión, tamaño, orientación, e incluso añadir varios vídeos o pistas de audio en una sola.

Es compatible con los siguientes formatos:

■ Audio: MP3, OGG, WMA, FLAC, M4A, WAV.
■ Imagen: JPG, BMP, PNG, TIF, ICO.
■ Vídeo: MP4, AVI, 3GP, MPG, FLV, MOV.

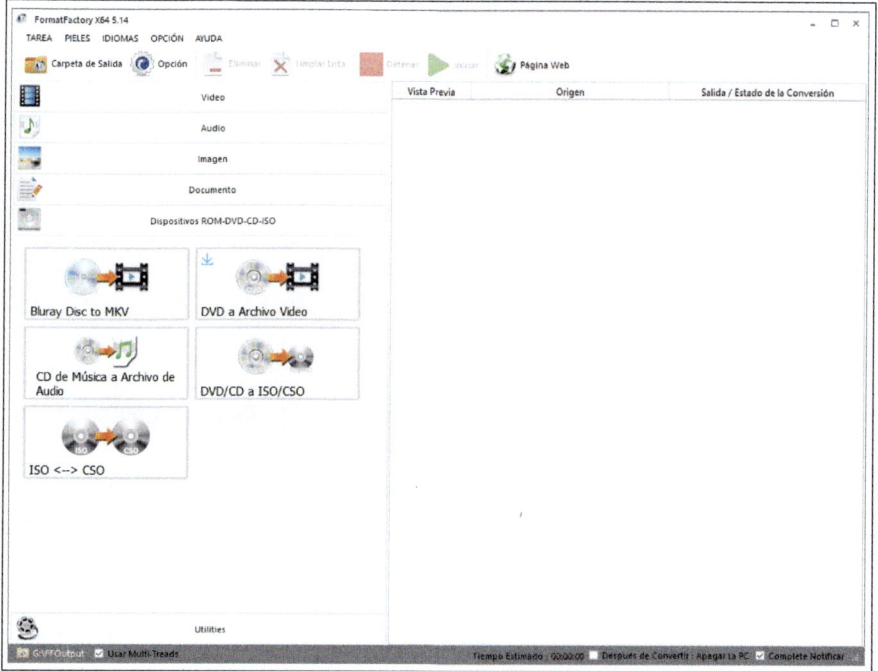

Aplicación práctica

Yendo por la calle se presencia una escena insólita que se quiere grabar para compartirla en *Youtube*. No se dispone de cámara de vídeo, pero el *smartphone* sí dispone de esa función. Se graba, pero al llegar a casa y descargarlo en el ordenador, se descubre que no es posible visualizarlo, por lo que no se puede subir a *Youtube*, ya que el ordenador no reconoce el formato del vídeo. ¿Qué se puede hacer para subir el vídeo a *Youtube* y compartirlo?

SOLUCIÓN

Con la proliferación de los smartphones multimedia, y el ordenador como entretenimiento, los formatos de audio y vídeo cada vez son más numerosos y complejos, hasta tal punto que es necesaria una herramienta de conversión para éstos. Habría que utilizar algún *software* de conversión de formatos.

Una vez convertido el vídeo al formato deseado, que sea compatible con la subida de vídeos a *Youtube,* habría que subir el vídeo, y desde el mismo sitio compartirlo en las redes sociales.

6.6. Herramientas de edición de vídeo. Creación de efectos y composición

La edición de vídeo cada vez se está volviendo más popular, debido a la disponibilidad y popularidad no solo de las videocámaras, sino también de los dispositivos móviles y tabletas.

Existen herramientas para la edición de vídeo de pago, sin embargo, también las hay de uso libre o gratuitas. Se va a detallar el *software* gratuito para *Windows* y se verán algunos de los mejores programas de edición de vídeo para este sistema operativo.

DaVinci Resolve

Poderosa herramienta de edición de vídeo, que ofrece una versión gratuita con una amplia gama de funciones entre las cuales incluye la edición de vídeo, corrección de color, efectos visuales y más.

Programa de edición de vídeo DaVinci Resolve

Shotcut

Este editor de vídeo es de código abierto y es muy fácil de usar, ofrece una variedad de funciones básicas de edición tales como cortar, recortar añadir transiciones y efectos, etc.

Programa Shotcut

OpenShot

Como ocurre con Shotcut, este editor de vídeo también es de código abierto
y muy fácil de usar, al igual que casi todos los editores de vídeo ofrece herramientas y funciones básicas de edición, como cortar, recortar, añadir transiciones y efecto, etc.

Programa Openshot

Dentro del *software* bajo licencia, es posible encontrar innumerables herramientas con diferentes características y capacidades profesionales que buscan
un mayor nivel de control y funcionalidad en los proyectos de edición. Se citan
a continuación los más usados: *Adobe Premiere Pro, Avid Media Composer,
DaVinci Resolve Studio,* en este caso es la versión competa de pago de *DaVinci
Resolve,* ofreciendo un conjunto completo de herramientas profesionales para
la edición, corrección de color, efectos visuales y mezcla de audio entre otras
características.

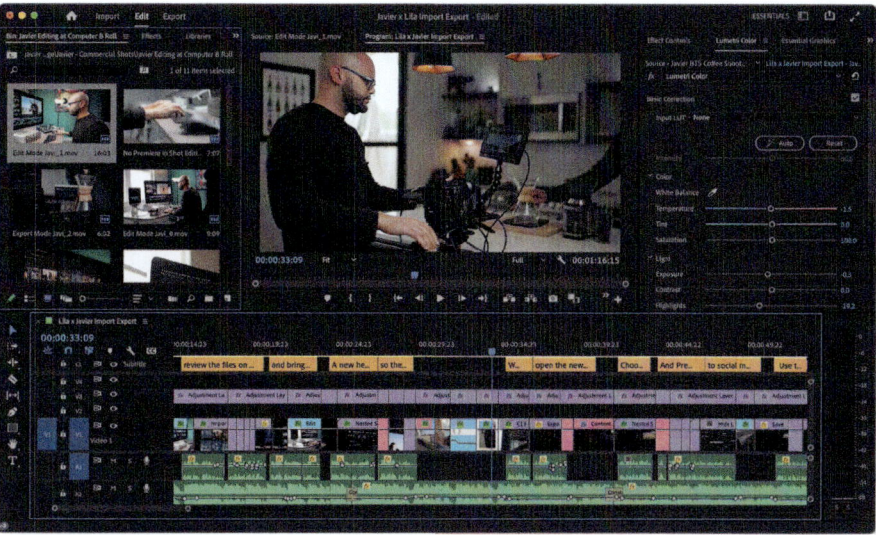

Programa Adobe Premiere Pro

Programa Avid Media Composer

? Sabía que...

El *software* de edición de vídeo *Avid Media Composer,* es utilizado comúnmente en la industria cinematográfica y televisiva.

7. Animaciones multimedia

La animación se define como **el proceso utilizado para dar sensación de movimiento a imágenes o dibujos.**

Tipos de animación:

- **Dibujos animados:** para su creación se va dibujando cada fotograma.
- ***Stop motion:*** animación de objetos, muñecos, marionetas, figuras de plastilina, u otros materiales. Se utiliza la grabación de fotograma a fotograma.
- **Pixilación:** es una variante de *stop motion.* En este caso los objetos animados son objetos comunes.
- **Rotoscopía:** a partir de una referencia, se dibuja directamente, por ejemplo, los fotogramas de una persona real. Mediante esta técnica se realizó el primer largometraje de *Disney,* Blancanieves.
- **Animación de recortes:** en esa técnica se usan figuras recortadas, ya sean de papel o fotografías. Los cuerpos de los personajes se realizan con recortes, y moviendo y reemplazando estas partes se anima al personaje. Esta técnica se emplea en series como *South Park.*
- **Animación 3D:** animación que simula las tres dimensiones; se trata de descripciones de objetos de un modelo 3D a lo largo del tiempo. Esa descripción varía con respecto al tiempo, movimiento de los objetos, cámaras, luces, y formas, y así se realiza la animación.

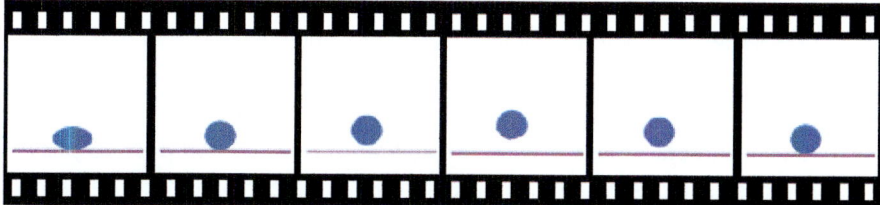

Fotogramas

La reproducción de todos los fotogramas de la imagen anterior, a una velocidad de diez fotogramas por segundo, crea la animación de una pelota botando sobre el suelo.

7.1. Principios de la animación

En los años 30, un equipo de animadores de los estudios de *Disney* creó 12 principios básicos de la animación, que a día de hoy todavía se utilizan. Con el tiempo, estos principios han dado a lugar a ampliaciones impuestas por las modernas técnicas de animación y 3D.

A día de hoy siguen funcionando, y ayudan a crear a personajes en situaciones más creíbles, proporcionando sensación de realidad. Con la llegada del 3D, estos principios se han tenido que reinterpretar y expandir; además, se han añadido algunos principios adicionales, que no se contemplaban en los 12 primeros, ya que se utilizan nuevas técnicas y estilos.

Los doce principios han evolucionado para adaptarse a la animación:

■ **Encoger y estirar *(Squash and Strech):*** este principio enseña que estirar y encoger las formas permite simular los músculos que se tensan. Es una técnica artística que exagera el movimiento, para de esta forma ayudar a entender la acción.
■ **Anticipación *(Ancipation):*** este principio promulga que, antes de realizar algún tipo de movimiento, este debe ser anticipado realizando un movimiento en sentido opuesto. Como ejemplo, antes de caminar hay que inclinarse un poco hacia atrás.

- **Puesta en escena** *(Staging):* se trata de definir poses principales de los personajes, es decir, las distintas acciones que suceden, y la actitud del personaje en cada una de ellas. Para ello, previamente se dibujan en viñetas, intentando dar el máximo detalle a la acción.

- **Acción directa y pose a pose** *(Straigh ahead action and pose to pose):* son dos técnicas de animación distintas. En la acción directa se anima el primer *frame,* y posteriormente se van animando los siguientes uno a uno. En la técnica acción pose a pose, se definen una serie de poses clave, y después se interpolan las poses intermedias. Esta técnica es la más habitual en el 3D, ya que el *software* es el encargado de interpolar automáticamente.

- **Acción continuada y superpuesta** *(Follow through and overlapping action):* ambas técnicas ayudan a detallar y a enriquecer a una determinada acción. Por ejemplo, mientras un personaje anda (acción continuada), puede estar hablando o interactuando con otros personajes (acción superpuesta).

- **Salidas y entradas lentas** *(Ease in and out on slow in and out):* los personajes y objetos necesitan un tiempo de aceleración y uno de deceleración; nada empieza a moverse de forma instantánea, o se para de forma inmediata.

- **Arcos** *(arcs):* al utilizar arcos para dotar de animación a los movimientos de un personaje, se le otorga una apariencia más natural, ya que la mayoría de criaturas vivientes se mueven en trayectorias curvas, nunca en líneas perfectamente rectas.

- **Acción secundaria u** *overlap (Secondary action):* se trata de conocer qué puntos ejercen fuerza y cuáles se mueven por inercia, por ejemplo, en la cola de un animal.

- **Sentido del tiempo** *(Timing):* es la velocidad que tiene la acción, su ritmo. Da sentido al movimiento.

- **Exageración** *(Exageration):* exagerando se ayuda a entender la acción, se hace más creíble.

- **Modelado y esqueletos sólidos:** el modelado dice que no se debe perder nunca el volumen al animar un objeto o personaje. Esta técnica hace referencia a que, en la utilización de esqueletos sólidos, las extremidades tienen que tener un comportamiento acorde al esqueleto.

- **Personalidad** *(Acting):* engloba todos los principios, y a su vez es el más complejo e importante. El personaje tiene que tener personalidad propia.

Actividades

20. Dentro de los doce principios de la animación, ¿cuál puede considerarse la técnica más importante? ¿Por qué?

7.2. Herramientas para la creación de animaciones

Actualmente en el mercado existen multitud de herramientas para crear animaciones, una de las más utilizadas es *Adobe Animate* (anteriormente conocida como *Adobe Flash).* Puede considerarse como la herramienta líder en la industria de la creación de animaciones interactivas y contenido multimedia.

Logotipo Adobe Animate

Adobe Animate utiliza una línea de tiempo basada en fotogramas clave para crear animaciones 2D aunque también ofrece capacidades de animación en 3D para ello utiliza la técnica de manipulación de objetos.

Una de las características más destacadas de *Adobe Animate* es su capacidad para crear contenido interactivo y aplicaciones web. Usa el lenguaje de programación ActionScript para crear botones, controles deslizantes, efectos de sonido, etc. Además permite exportar el contenido en formato HTML5 Canvas, WebGL, vídeo y animaciones GIF.

Adobe Animate es ampliamente utilizado en la creación de juegos, presentaciones interactivas y contenido multimedia para la web. Su interfaz intuitiva conjuntamente con sus potentes herramientas dotan a este software en quizás la opción más popular a la hora de crear animaciones y contenido interactivo.

Con *Adobe Animate* se puede hacer prácticamente cualquier cosa. Sin embargo, ningún *software* es potente en todas sus áreas, a pesar de poder realizar animaciones 3D como se ha indicado anteriormente, estas no las realiza de una forma totalmente eficiente, ya que puede conllevar bastante tiempo el realizarlas de forma manual y puede llegar el punto en que no merezca la pena utilizarlo para tal fin. Es por ello que para tales menesteres se suele acudir a un *software* mucho más específico y especializado, como puede ser *3DS Max* o *Blender.*

3DS Max, es un *software* de modelado, animación y renderizado 3D desarrollado por *Autodesk.* Es ampliamente utilizado en la industria del diseño y de la animación. Permite crear objetos y escenas tridimensionales utilizando para ello una gran variedad de herramientas y técnicas.

3DS Max es utilizado en un amplio abanico de campos, como pueden ser la creación de videojuegos, películas, animaciones arquitectónicas entre otros.

Logo 3DS Max

Blender es una herramienta gratuita para el modelado, animación y renderizado de gráficos 3D. Es un proyecto de código abierto, con una potencia equiparable al *software* comercial más destacado como pueden ser *Maya* o *3DS.*

Mediante sus herramientas se pueden crear objetos, esculpirlos, iluminarlos, pintarlos con texturas y animarlos en complejas escenas. Aunque su curva de aprendizaje es un poco elevada, lo compensa con una gran comunidad de usuarios así como de un gran número de tutoriales y ejemplos.

Logotipo Blender

7.3. Formatos de animaciones

El formato de la animación va a depender en gran medida de la aplicación utilizada; en caso de utilizar Adobe Animate, se disponen de varios formatos, como pueden ser *HTML5* y *JavaScript, WebGL, GIF* y *SVG.*

Dependiendo de las características del proyecto que se esté elaborando se seleccionaría un tipo de exportación u otro.

Quizás el más usado sea *Html5 Canvas,* ya que aparte de permitir una reproducción fluida es compatible con la mayoría de navegadores web modernos sin necesidad de instalar ningún complemento adicional.

WebGL es una tecnología de gráficos 3D basada en API de JavaScript, aunque para que pueda ejecutarse de forma correcta se debe usar un navegador compatible con esta tecnología.

SVG, es el idóneo para gráficos vectoriales y escalables en la web. Al usar ese formato se asegura que las animaciones sean vistas de forma nítida sin pérdida de calidad, adaptándose a diferentes tamaños de pantalla.

7.4. Inclusión en páginas web

Para añadir una animación exportada para *HTML5 Canva* basta con especificar la ruta del JavaScript generado por *Adobe Animate* e inicializar la animación mediante un contenedor específico, tal y como se muestra en el siguiente código:

```
<!DOCTYPE html>
<html>
<head>
    <title>Ejemplo de inclusión de animación de Adobe Animate</title>
```

```
</head>
<body>
    <h1>Mi animación de Adobe Animate</h1>

    <!-- Aquí incluye el archivo exportado de Adobe Animate -->
    <div id="animationContainer"></div>

    <script src="ruta/al/archivo/adobe-animate.js"></script>
    <script>
        // Inicializa la animación de Adobe Animate en el contenedor
especificado
        var canvas = document.getElementById("animationContainer");
        var anim = new AdobeAn["Nombre_de_tu_composición"](canvas,
AdobeAn.getComposition("Nombre_de_tu_composición"));
        anim.setLoop(true);
        anim.play();
    </script>
</body>
</html>
```

7.5. Buenas prácticas en el uso de animaciones

Lo primero que hay que tener en cuenta es si el sitio utiliza las animaciones de forma adecuada. Las animaciones, deben enriquecer la información y la usabilidad del sitio web; una web enteramente realizada con esta tecnología afectará enormemente a la navegabilidad, y a los motores de búsqueda como *Google,* ya que no podrá leer una página física para indexar su contenido, y los motores de búsqueda pueden indexar parte de su contenido.

Las buenas prácticas de uso son las siguientes:

- El uso de animaciones para mejorar la comunicación solo es recomendable en situaciones específicas.

- Para mostrar el funcionamiento de algún producto o servicio, es mejor realizarlo mediante tutoriales o manuales.
- Mostrar vídeos o películas con tecnología *HTML5 Canva.*

8. Elementos interactivos

En una página web, es posible añadir diferentes tipos de elementos interactivos y multimedia. Un elemento interactivo **es aquel que puede cambiar, dependiendo de la acción del usuario.**

Utilizar estos elementos en un sitio puede dotarlo de una mayor interactividad, pero utilizar un exceso de estos recursos puede resultar en un aumento en el tiempo de carga de la web.

Se pueden utilizar como elementos interactivos pequeñas animaciones en *Flash,* donde pueden incluirse sonidos e imágenes, además de dotarlas de una mayor interactividad.

Mediante el uso de JavaScript, y algunas reglas CSS, se pueden añadir multitud de elementos interactivos, capturando los eventos del usuario como se verá en capítulos posteriores.

 Nota

Hoy en día, la interactividad es fundamental para que un sitio web sea un sitio de éxito. Hay que huir de la sensación "lectura de periódico", que puede causar por una web pasiva y lineal.

8.1. Creación de elementos interactivos

Es posible crear cualquier elemento interactivo que se desee; como ejemplo se crearán unos botones de navegación con *Sprites CSS.*

Los botones CSS se han convertido en una técnica común para los desarrolladores web, puesto que les facilita muchos trucos. Donde anteriormente había que usar JavaScript para cambiar la apariencia de un gráfico cuando el usuario pasa por encima, o hace clic sobre el, los diseñadores web modernos usan las pseudo-clases *:link, :visited, :hover y :active,* para intercambiar imágenes sin tener que modificar una sola línea de código. Sin embargo, hay una contrapartida, y es que existe un pequeño retardo entre el cambio de imágenes. La solución a este problema consiste en cargar una imagen por cada estado en un fichero de imagen.

Esta técnica se conoce como **Sprites CSS,** y permite crear un fichero de imagen que contiene las cuatro vistas correspondientes a los cuatro estados del botón. En este fichero, se pueden colocar los *sprites* del botón, separados por el fondo de un elemento y, usar la propiedad *position* para posicionar el *sprite* correcto, ya que solo se necesita cargar una imagen. El navegador solo necesita hacer una llamada al servidor, por lo que el retardo producido al intercambiar imágenes se elimina.

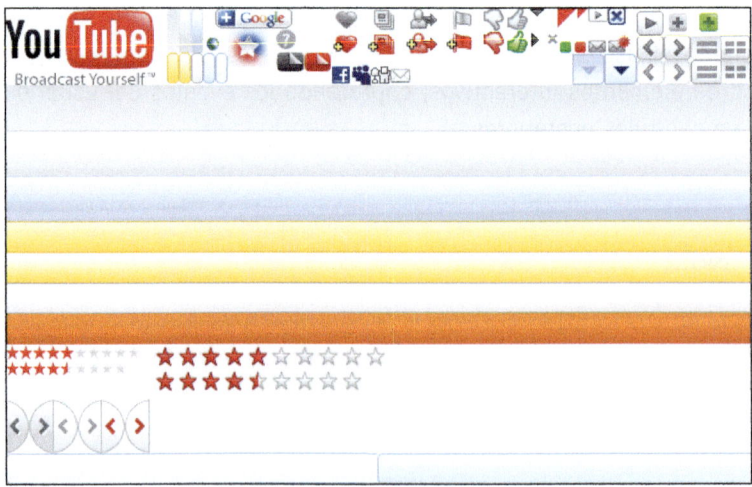

Sprite del sitio web Youtube

A continuación, se verá un ejemplo práctico. Para ello, se van a utilizar unas imágenes de las redes sociales.

Sprite ejemplo Redes Sociales

El código HTML no cambiaría, incluso se puede hacerlo con listas:

```
<HTML>
        Twitter

        Facebook

        Delicious

        Menéame

        Stumbleupon
</HTML>
```

Para aplicar la técnica de *CSS Sprites,* se necesita generar una única imagen que contenga las cinco imágenes, como se muestra a continuación:

Una imagen que contiene los cinco iconos de las redes sociales

Ya solo quedaría añadir el correspondiente CSS, que no es más que indicar el *background-position* a cada una de las imágenes.

```
#social a, #social a:hover { padding: 2px 2px 2px 25px;

margin-left:15px; background: #fff url('images/sprite-social.png') no-repeat}

.twitter {background-position: -9px -153px !important;}

.facebook {background-position: -9px -45px !important;}

.meneame {background-position: -9px -81px !important;}

.delicious {background-position: -9px -9px !important;}

.stumbleupon {background-position: -9px -117px !important;}
```

De esta forma, solamente hay que realizar una petición al servidor para cargar la imagen, optimizando la velocidad de la página web.

 Actividades

21. ¿Cuál es la técnica de Sprites CSS?

 Aplicación práctica

Un compañero ha leído que la utilización de sprites en una web mejora el rendimiento de la carga de páginas por parte del cliente. Tiene una pequeña aplicación, que muestra la previsión meteorológica de varias localidades, y para cada localidad utiliza una imagen.

Continúa en página siguiente >>

<< Viene de página anterior

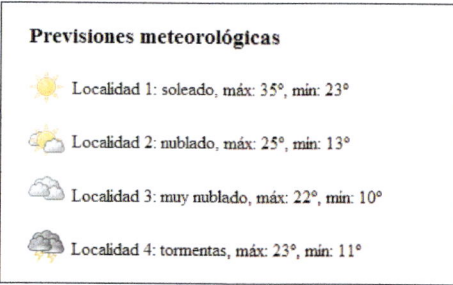

Y el código correspondiente sería el siguiente:

```
<h3>Previsiones meteorológicas</h3>
<p id="localidad1"><img src="imagenes/sol.png" /> Localidad 1: soleado, máx: 35º, mín
: 23º</p>
<p id="localidad2"><img src="imagenes/sol_nubes.png" /> Localidad 2: nublado, máx: 25
º, mín: 13º</p>
<p id="localidad3"><img src="imagenes/nubes.png" /> Localidad 3: muy nublado, máx: 22
º, mín: 10º</p>
<p id="localidad4"><img src="imagenes/tormentas.png" /> Localidad 4: tormentas, máx:
23º, mín: 11º</p>
```

Es una solución sencilla y funciona muy bien, pero es una solución totalmente ineficiente, ya que el navegador debe descargar cuatro imágenes diferentes para mostrar la página. ¿Cómo se realizaría el proceso para optimizar este código?

SOLUCIÓN

El primer paso consiste en crear una imagen grande, que incluya las cuatro imágenes individuales.

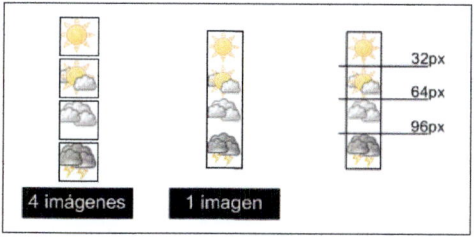

Continúa en página siguiente >>

<< Viene de página anterior

En el siguiente paso, se simplifica el código HTML.

```html
<h3>Previsiones meteorológicas</h3>
<p id="localidad1">Localidad 1: soleado, máx: 35º, mín: 23º</p>
<p id="localidad2">Localidad 2: nublado, máx: 25º, mín: 13º</p>
<p id="localidad3">Localidad 3: muy nublado, máx: 22º, mín: 10º</p>
<p id="localidad4">Localidad 4: tormentas, máx: 23º, mín: 11º</p>
```

La clave de la utilización de Sprites en CSS, consiste en mostrar imágenes mediante la propiedad background-image. Para mostrar una cada vez, se utiliza la propiedad background-position, el código CSS:

```css
#localidad1, #localidad2, #localidad3, #localidad4 {
    padding-left: 38px;
    height: 32px;
    line-height: 32px;
    background-image: url("imagenes/sprite.png");
    background-repeat: no-repeat;
}

#localidad1 {
    background-position: 0 0;
}
#localidad2 {
    background-position: 0 -32px;
}
#localidad3 {
    background-position: 0 -64px;
}
#localidad4 {
    background-position: 0 -96px;
}
```

Quedando como resultado:

Continúa en página siguiente >>

<< Viene de página anterior

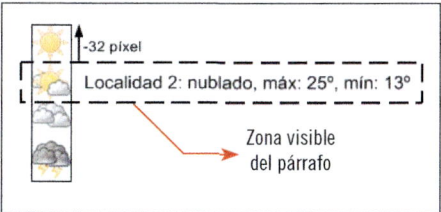

8.2. Mapas interactivos

Los mapas de imagen son imágenes que contienen una región interactiva; cuando un usuario hace clic sobre esta región, es redirigido hacia otra URL. Esta región puede ser una imagen completa, o partes de esta.

Anteriormente se utilizaba el *tag* **<map>**. Esta etiqueta se encuentra hoy en desuso, ya que en la actualidad, dichas regiones suelen realizarse mediante CSS o *Flash*.

```
<map name="image-map-1" id="image-map-1">
  <area href="#" alt="Tags HTML" shape="circle"
coords="50,50,39" />
  <area href="#" alt="Tags HTML" shape="rect" coords="31,49,189,81" />
  <area href="#" alt="Eventos en HTML" shape="circle"
coords="155,165,39" />
  <area href="# " alt="Eventos en HTML" shape="rect"
coords="55,137,155,163" />
  <area href="# " alt="Tipos en HTML" shape="circle"
coords="75,250,39" />
  <area href="# " alt="Tipos en HTML" shape="rect"
coords="107,240,153,260" />
</map>

<img src="/img/image.png" usemap="#image1" alt="Menú " />
```

En el siguiente ejemplo se define un mapa asociado a una imagen menú, donde se especifican tres áreas cuadradas para cada texto, y tres circulares para los dibujos asociados a ellas.

Imagen con mapa interactivo

A continuación, se explica cada uno de los atributos:

- **id:** asigna un identificador al elemento asociado, debe ser único en todo el documento.
- **title:** provee un título al elemento; algunos navegadores muestran el contenido de este atributo cuando el ratón pasa por encima de ellos.
- **alt:** indica un texto alternativo en caso de no poder cargar la imagen.
- **shape:** indica el tipo de área.
- **coords:** indica las coordenadas que definen el área. Son un grupo de valores numéricos distintos, dependiendo del tipo de área.
- **href:** indica el destino del enlace correspondiente al área.

Se pueden crear distintos tipos de áreas, pudiendo ser rectas **(RECT)**, circulares **(CIRCLE),** o poligonales **(POLY).**

Distintos tipos de áreas

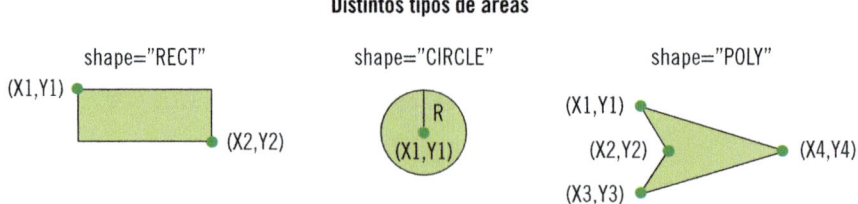

Actividades

22. ¿Para qué suelen usarse los mapas interactivos?

Aplicación práctica

En un colegio han empezado a utilizar el ordenador como medio didáctico, pero la parte donde se muestran las comunidades autónomas se ha estropeado. El profesor, conociendo que uno de los padres sabe programar utilizando lenguaje de guión, le pide que elabore un mapa interactivo para que, cuando el profesor diga el nombre de una comunidad autónoma, los alumnos puedan clicar donde crean que está, mostrando un mensaje en donde hayan aplicado el clic, que permita comprobar si la respuesta es correcta o no. ¿Cómo se llevaría a cabo la solución?

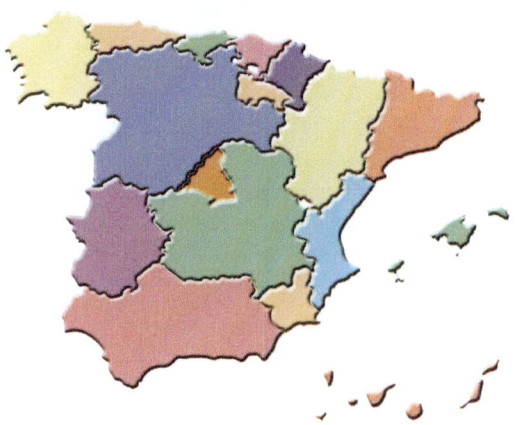

Continúa en página siguiente >>

<< Viene de página anterior

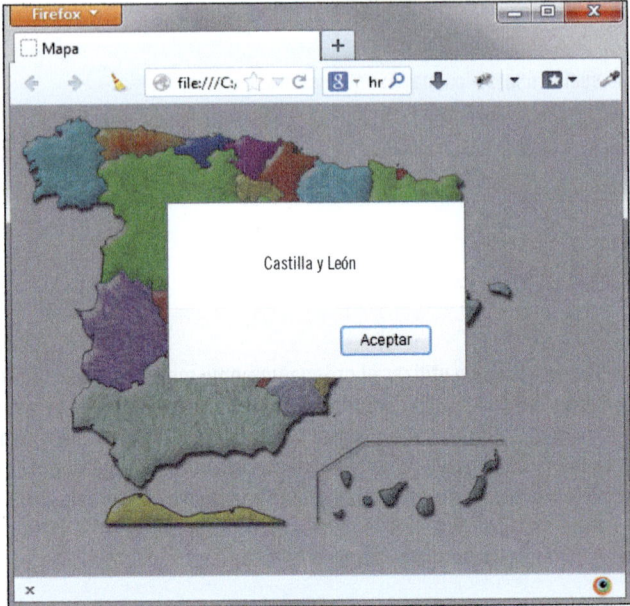

Información al clicar sobre una comunidad autónoma

SOLUCIÓN

Para realizar la aplicación, se usaría un mapeo de imagen, aplicando distintas formas, ya sean rectángulos o polígonos. En el enlace de cada uno de los fragmentos mapeados, se llamaría a una función en JavaScript donde se muestre una alerta con el nombre de la comunidad autónoma.

Continúa en página siguiente >>

<< Viene de página anterior

```
mapa.html                    ✕

1    <?xml version = "1.0" encoding = "utf-8"?>
2    <!DOCTYPE html PUBLIC "-//W3C//DTD XHTML 1.0 Strict//EN"
3        "http://www.w3.org/TR/xhtml1/DTD/xhtml1-strict.dtd">
4
5    <html xmlns = "http://www.w3.org/1999/xhtml">
6        <head>
7            <title>Mapa</title>
8
9            <script type="text/javascript">
10               function mensaje(comunidad)
11               {
12                   alert (comunidad);
13                   switch (comunidad){
14                       case 'galicia':
15                           alert ("Galicia");
16                           break;
17                       case 'castilla y leon':
18                           alert ("Castilla y León");
19                           break;
20                       case 'extremadura':
21                           alert ("Extremadura");
22                           break;
23                       case 'andalucia':
24                           alert ("Andalucía");
25                           break;
26                       case 'castilla la mancha':
27                           alert ("Castilla la mancha");
28                           break;
29                       case 'madrid':
30                           alert ("Madrid");
31                           break;
32                       case 'aragon':
33                           alert ("Aragón");
34                           break;
35                       case 'cataluña':
36                           alert ("Cataluña");
37                           break;
38                       case 'islas baleares':
39                           alert ("Islas Baleares");
40                           break;
41                       case 'c valenciana':
42                           alert ("C Valenciana");
43                           break;
44                       case 'murcia':
45                           alert ("Murcia");
46                           break;
47                       case 'islas canarias':
48                           alert ("Islas Canarias");
49                           break;
50                       case 'ceuta y melilla':
51                           alert ("Ceuta y Melilla");
52                           break;
53                       case 'asturias':
54                           alert ("Asturias");
55                           break;
56                       case 'cantabria':
57                           alert ("Cantabria");
58                           break;
59                       case 'euskadi':
60                           alert ("Euskadi");
61                           break;
```

Continúa en página siguiente >>

<< Viene de página anterior

```
62              case 'navarra':
63                  alert ('Navarra');
64                  break;
65              default:
66                  alert ('La rioja');
67
68          }
69      }
70      </script>
71
72  </head>
73  <body>
74      <img src="mapa.jpg" alt="" usemap="#map1394701283621">
75      <map id="map1394701283621" name="map1394701283621">
76          <area shape="rect" coords="15,15,63,75" title="galicia" alt="#" href="javascript:mensaje('galicia');" target="_self">
77          <area shape="rect" coords="77,49,162,106" title="castilla y leon" alt="#" href="javascript:mensaje('castilla y leon');" target="
            _self">
78          <area shape="rect" coords="61,151,108,265" title="extremadura" alt="#" href="javascript:mensaje('extremadura');" target="_self">
79          <area shape="rect" coords="64,228,193,266" title="andalucia" alt="#" href="javascript:mensaje('andalucia');" target="_self">
80          <area shape="rect" coords="134,150,222,199" title="castilla la mancha" alt="#" href="javascript:mensaje('castilla la mancha');"
            target="_self">
81          <area shape="rect" coords="147,121,168,145" title="madrid" alt="#" href="javascript:mensaje('madrid');" target="_self">
82          <area shape="rect" coords="228,51,265,131" title="aragon" alt="#" href="javascript:mensaje('aragon');" target="_self">
83          <area shape="rect" coords="289,48,352,102" title="cataluña" alt="#" href="javascript:mensaje('cataluña');" target="_self">
84          <area shape="rect" coords="306,137,396,209" title="islas baleares" alt="#" href="javascript:mensaje('islas baleares');" target="
            _self">
85          <area shape="rect" coords="241,153,267,222" title="c valenciana" alt="#" href="javascript:mensaje('c valenciana');" target="_self
            ">
86          <area shape="rect" coords="216,216,249,247" title="murcia" alt="#" href="javascript:mensaje('murcia');" target="_self">
87          <area shape="rect" coords="256,274,385,331" title="islas canarias" alt="#" href="javascript:mensaje('islas canarias');" target="
            _self">
88          <area shape="rect" coords="60,314,218,339" title="ceuta y melilla" alt="#" href="javascript:mensaje('ceuta y melilla');" href="#" target="
            _self">
89          <area shape="rect" coords="75,12,124,26" title="asturias" alt="#" href="javascript:mensaje('asturias');" target="_self">
90          <area shape="rect" coords="141,19,156,43" title="cantabria" alt="#" href="javascript:mensaje('cantabria');" target="_self">
91          <area shape="rect" coords="181,15,198,48" title="euskadi" alt="#" href="javascript:mensaje('euskadi');" target="_self">
92          <area shape="rect" coords="211,22,228,69" title="navarra" alt="#" href="javascript:mensaje('navarra');" target="_self">
93          <area shape="rect" coords="183,57,210,72" title="la rioja" alt="#" href="javascript:mensaje('la rioja');" target="_self">
94      </map>
95  </body>
96  </html>
97
98
```

8.3. Ámbitos de uso

Los elementos interactivos pueden usarse donde se crea conveniente para añadir funcionalidad e interactividad al sitio web, principalmente indicado para acotar regiones de imágenes grandes en las que se quieran incluir enlaces.

9. Resumen

El término *multimedia* se utiliza para referirse a cualquier objeto o sistema que utiliza múltiples medios de expresión (físicos o digitales) para presentar o comunicar información.

Para poder reproducir contenido multimedia en un navegador web, en el caso de usar *Adobe Animate* por ejemplo, debemos exportar la animación en

HTML5 Canva y añadir el código correspondiente al sitio web donde queramos que aparezca la animación.

MIME *(Multipurpose Internet Mail Extension)*, son una serie de especificaciones dirigidas al intercambio a través de internet de todo tipo de archivos (audio, vídeo, texto, etc.), de forma transparente para el usuario.

A diferencia de la descarga progresiva, la descarga *streaming* se realiza a través de servidores especializados, que están optimizados para la transferencia de vídeo/audio digital.

El formato JPEG o JPG es uno de los más usados, ya que contiene cierto grado de compresión, pero mantiene una buena calidad en la imagen final.

Existen diferentes tipos de formato según la compresión del audio. Es importante distinguir entre archivo y *codecs.* El *codec* codifica y decodifica los datos del audio, mientras estos datos son archivados con un formato de audio específico

Youtube es un sitio web en el que los usuarios registrados pueden subir vídeos, y cualquier usuario puede compartir o buscar contenidos mediante su buscador.

Ejercicios de repaso y autoevaluación

1. **De las siguientes frases, ¿cuál es verdadera y cuál es falsa?**

   a. Multimedia solamente utiliza un medio a la vez.

   ☐ Verdadero
   ☐ Falso

   b. Los gráficos no son un formato de información multimedia.

   ☐ Falso
   ☐ Verdadero

   c. En una página web se pueden añadir contenidos multimedia.

   ☐ Verdadero
   ☐ Falso

2. **¿Para qué se usa principalmente la reproducción en *streaming*?**

   _____
   _____
   _____
   _____
   _____

3. **De las siguientes oraciones, ¿cuál es verdadera y cuál es falsa, en relación a la reproducción progresiva?**

   a. Se realiza a través del protocolo HTTP.

   ☐ Verdadero
   ☐ Falso

   b. Es posible ver cualquier parte del contenido multimedia antes de que se descargue por completo.

   ☐ Verdadero
   ☐ Falso

c. Se puede consumir mucho ancho de banda.

☐ Verdadero
☐ Falso

4. **Al realizar dos imágenes, una mediante mapa de bits, y otra vectorizada, si se aplica un zoom del 200 % ¿cómo se verían?**

_____
_____

5. **Relacione los siguientes elementos:**

a. Soportan hasta 256 colores y permiten animaciones.
b. Es totalmente compatible con la mayoría de navegadores web.
c. Puede servir como sustituto a GIF, y permite transparencias

___ PNG
___ GIF
___ JPG

6. **Indique cuándo es recomendable utilizar archivos JPG.**

_____
_____
_____
_____

7. **Complete las siguientes oraciones referentes al sistema dos capas.**

a. Existen muchos sitios de repositorios de imágenes, también denominados _____.

b. Las fotografías son tipos de _____ que se obtienen con una cámara fotográfica.

c. Un gráfico _____ esta compuesto de líneas curvas y definidas.

8. Relacione los siguientes elementos:

   a. Tratamiento de fotografías digitales.
   b. Crear y trabajar con imágenes planas como logotipos.
   c. Se emplean para limpiar y retocar fotografías.

   __ Filtros.
   __ Programas tratamiento mapa de bits como Photoshop.
   __ Programas tratamiento vectorial como Illustrator.

9. ¿Cuánto es posible reducir el espacio ocupado por una fotografía mediante JPG?

   _____
   _____
   _____
   _____

10. De las siguientes oraciones, ¿cuál es verdadera y cuál es falsa?

    a. Existen tres grupos principales de formatos de audio.

       ☐ Verdadero
       ☐ Falso

    b. El formato audio sin comprimir requiere de menos tiempo de procesamiento.

       ☐ Verdadero
       ☐ Falso

    c. En la compresión con pérdida de audio, se comprimen los datos descartándose parte de estos.

       ☐ Verdadero
       ☐ Falso

11. ¿Cuáles son los formatos de audio abiertos libres?

    _____
    _____

12. ¿Para qué se utiliza el atributo controls en el elemento <audio> de HTML5?

_____
_____
_____
_____

13. De las siguientes oraciones, ¿cuál es verdadera y cuál es falsa, en relación a la reproducción progresiva?

a. Se realiza a través del protocolo HTTP.

☐ Verdadero
☐ Falso

b. Podemos ver cualquier parte del contenido multimedia antes que se descargue por completo.

☐ Verdadero
☐ Falso

c. Se puede consumir mucho ancho de banda

☐ Verdadero
☐ Falso

14. ¿Cómo se insertaría un canal de vídeo de *Youtube* en una página web?

a. Copiando y pegando el vídeo.
b. Copiando en enlace del vídeo.
c. Utilizando la etiqueta <iframe> u <object>.
d. Todas las opciones son incorrectas.

15. Complete la siguientes oraciones:

Adobe _____ es una aplicación comercial para crear _____ interactivas y animadas. Se puede utilizar para crear _____ basados en la web, sitios _____, juegos, y aplicaciones basadas en la web, con sorprendentes _____ y efectos _____.

Bibliografía

Monografías

▌CROCKFORD, Douglas: AMAZON: *JavaScript: The good parts: Working with the Shallow Grain of JavaScript.* Yahoo Press, 2008.

▌BIBEAULT, B.; RESIG, J.: *JavaScript Ninja.* Madrid: Anaya Multimedia, 2013.

▌CRANFORD Teague, J.: *CSS, Dhtml y Ajax,* Madrid: Anaya Multimedia, 2007.

▌FERRER, J.: *Implantación de Aplicaciones Web.* Madrid: Ra-Ma, 2012.

▌GEORGENES, C.; PUTNEY, J.: *Animación con Flash Professional. CS5. Madrid: Anaya Multimedia, 2011.*

▌NIEDERST, J.: *Creación y diseño Web profesional.* O'Reilly. Madrid: Anaya Multimedia, 2008.

▌PEREZ Moreno, V.: *Diseño Web con CSS.* Marcombo, 2009.

▌POWER, S.: *Learning JavaScript, 2dn Edition.* O'Reilly. Madrid: Anaya Multimedia, 2008.

▌RODRÍGUEZ, M.A.: *Metodología de Programación.* Mc Graw-Hill, 1991.

▌VAN DER VLIST, E. [et al.]: *Programación Web 2.0.* Wrox. Madrid: Anaya Multimedia, 2007.

❚ ZAKAS, C.; FAWCETT, J.; MCPEAK, J.: *Profesional Ajax.* Wrox . Madrid: Anaya Multimedia, 2006.

Textos electrónicos, bases de datos y programas informáticos

❚ Aplicaciones dinamicas en Internet, de: <http://www.adobe.com/es/resources/business/rich_internet_apps//>.

❚ Conceptos generales de la arquitectura de aplicaciones web, de: <http://www.rama.es/descargas/descargar.php?fichero=Z3dkZXNjYXJnYXNwcm9mlzlzOSM5Nzg4NDk5NjQxNjA3X0NhcGl0dWxvdDEucGRm>.

❚ HTML 5, de: <http://www.html5-spain.com/html5-spain/index.html/>.

❚ Introducción a AJAX, de: <http://librosweb.es/ajax/>.

❚ Ionic Framework, de: <https://ionicframework.com/>.

❚ Instituto Nacional de Tecnologías Educativas y de Formación del Profesorado, de: <http://www.ite.educacion.es/formacion/materiales/182/cd/cinco/recurso_tic_multimedia.html/>.

❚ JW Player, de:<https://jwplayer.com/>.

❚ NativeScript, de: <https://nativescript.org/>.

❚ Navegadores y exploradores Web, caracteristicas y comparaciones, de: <http://norfipc.com/internet/navegadores-web.html>.

❚ Objetos: <https://developer.mozilla.org/es/>.

❚ Plyr, de: <https://plyr.io/>

❚ React Native, de: <https://reactnative.dev/>.

❚ Referencia lenguaje: https://developer.mozilla.org/es/

▌Video.js, de: <https://videojs.com/>.

▌W3C Espana, de: <http://www.w3c.es//>.